Insel Reichenau

Fotos:
Johannes Braus
Günter Braus

Text:
Dr. Richard Henk

Verlag:
Brausdruck GmbH
Heidelberg

Buch-Gestaltung:
ggmbh, Heidelberg

Herstellung:
Brausdruck GmbH,
Heidelberg

2. Auflage:
Dezember 1980
ISBN 3-921524-26-1

Insel Reichenau

Große Seen pflegen seit alters her die Menschen anzuziehen, um so mehr, wenn wie am Bodensee das großartige Panorama der Schweizer Alpen im Süden den Blick belebt. Eigentlich sind es die großen Flächen des Wassers, ihr Anschlag an die Ufer, der keineswegs die Ruhe beeinträchtigt, die von den meisten gesucht wird. Die Weite hat für sie etwas Beruhigendes und ist dennoch nicht endlos. Da es nicht an Winden fehlt, gibt es genügend Gelegenheit zum Segeln, auch zum anderen Ufer, ins »Ausland« sozusagen.

Der See hat die Menschen geformt, sie nicht zu übermütig werden lassen. Das Gemächliche steht voran, ohne in das Bequeme zu verfallen. Man täusche sich freilich nicht: es fehlt keineswegs an der Entschlußfreudigkeit der Bürger! Sie haben es nicht so eilig beim Spazierengehen, die Zeit läuft ihnen nicht davon. Sie halten ihren Besitz sorgfältig instand, das ist gerade nach dem letzten Krieg besonders augenscheinlich geworden, wo die deutsche Seite, häufig genug von »oben« verletzt, sich daranmacht, das Schmucke wieder in ihre Gassen und Straßen zu bringen. Es ist in vorbildlicher Weise geschehen, und mancher neuverputzte Giebel weist heute ein vergoldetes Wappen auf, das dem Besucher früher nie aufgefallen ist. Es ist dabei geblieben: Die Oberschicht, der Adel und die frühen Freien, ihre Nachzügler, haben direkt am See ihre stattlichen Häuser errichtet, z. B. auch in Überlingen, erst nach dem Franziskanertor folgt dort das »Dorf«, schmuck, aber in kleinerer Bauweise, mehr in sich zusammengerückt, ein Stadtteil der ehemaligen »Kleinen«.

Rings um den Bodensee haben sich einst zahlreiche Klöster befunden, in einer Vielzahl, wie man sie sonst in Deutschland kaum antrifft. Sie sind von dem Hinterland an das Wasser gekommen, es fehlt eigentlich kein Orden, der hier nicht sein Domizil aufgeschlagen hat. Aber die wenigsten haben sich auf die Dauer halten können, ihre Einrichtungen gehen in andere Hände über, so wird aus dem Nonnenkloster in Hofen später das Schloß der Herzöge von Württemberg. Das bekannte »Inselhotel« in Konstanz steht auf dem Boden eines ehemaligen Dominikanerklosters (1226). Aber es kommt auch zu einem Wechsel der Orden selbst. Das Benediktinerkloster in Mehrerau bei Bregenz (1097) wird im 19. Jahrhundert von den Zisterziensern übernommen, es entsteht hier bald ein Hort der Kirchenforschung! Die Novizenausbildung zieht in ihrer Vorbildlichkeit weite Kreise an, das Gymnasium zählt zu den besten von Vorarlberg.

Fischfang wird überall am Bodensee betrieben, mit gutem Erfolg, läßt sich sagen, denn die »Felchen« sind in ganz Süddeutschland zu finden und sind überaus geschätzt. Die Einheimischen ziehen vor allem den Kretzer (»Egli«, eine Barschart) vor, am besten als Filet, weil er leider reichlich Gräten aufweist.

Mit der Insel Reichenau hat es seine eigene Bewandtnis. Hier haben wenigstens die Klosterkirchen ihre Bestimmung als Gotteshäuser behalten, wenn es auch mit dem Mönchstum längst vorbei ist. Die Einheimischen kümmern sich um den Fremden reichlich wenig, behindert dieser sie doch oft genug durch sein Fahrzeug. Die Straßen, vor allem die Verbindungswege, sind häufig recht schmal. Die Reichenau ist eine grüne Insel geblieben, es gibt wohl keine andere Region, wo man so viele Tomatenfelder auf einmal vorfindet. Noch eines lernt der Gast dazu: Die Tomaten werden in der Regel grün mit weiß schimmernder Unterfläche in Kisten verschickt, die natürlich das Reichenauer Gütezeichen aufweisen. Die Ausgereiften Tomaten sind für die nähere Umgebung bestimmt (Abb. S. 78).

Man kann sich der Insel gar nicht früh genug am Morgen nähern! Die Reichenau liegt dann wie eh und je in einem leichten Dunst, der alles Hinzugekommene einhüllt und nur die Kirchturmspitzen freigibt. Von dem Fleiß der Einheimischen ist noch nichts zu bemerken, die zahllosen Traktoren stehen auf den Abstellplätzen der Unterkünfte. Meist wird die Pappelallee benützt aus Richtung Wollmatingen (Abb. S. 9), die erst 1838 errichtet worden ist. Hier hat sich zuvor eine Furt befunden, die aber nur bei niedrigem Wasserstand passierbar gewesen ist. Am Ende der Allee ist links mächtiges Mauerwerk zu erkennen, Reste der einstigen Burg Schopfeln (13. Jahrhundert), welche das Kloster vor Überfällen auf diese offene Flanke zu schützen hatte (Abb. S. 54).

Am reizvollsten ist freilich eine Dampferfahrt von Konstanz nach Reichenau, gerade wegen des vielen Schilfes, das einer Vielzahl von Wildvögeln Unterschlupf gewährt. Wie ungeniert die Taucher ihrer Nahrungssuche nachgehen! Elegant und mit großer Schnelligkeit sind sie am Werke. Wildenten und Wasserhühner schwimmen in stolzen Kolonnen einmal in diese, einmal in eine andere Richtung, Rohrdommeln sind zu sehen, Seereiher und andere seltenere Vogelarten (Abb. S. 53). Ein vielstimmiges Gezwitscher! Dieses Vogelkonzert ist so richtig angetan, auf das Kommende vorzubereiten.

Mittelzell kommt bald in Sicht, voran der mächtige Westbau, ein Wahrzeichen des Gotteshauses schlechthin (Abb. S. 17). Der Westbau, fast in seiner ursprünglichen Gestalt, erinnert an die Blütezeit des Klosters unter den Ottonen, Abt Bernos hat das Monument 1048 geweiht. Es ist ein stolzes, schützendes Wahrzeichen des Klosters gegen Westen geworden, turmähnlich und dennoch kein Turm, weil der Westbau in seiner ganzen Front auf den Betrachter einwirkt. Zum anderen darf er als Abschluß gegen die Welt, eine Rückkehr nach der karolingischen Unruhe in das Kloster gelten. Die Forderungen des Benedikt von Arniane, den Ansprüchen der Welt mehr zu entsagen, haben hier zweifellos ihre Früchte getragen. Aber das Kloster Reichenau ist indessen durch seine Schulen zu berühmt geworden, so daß der Riegel immer wieder zurückgeschoben werden muß, um Evangeliaren mit wertvollen Miniaturen von hoher Qualität, Liedern und ihren Niederschriften, Scholaren mit erlesener Bildung für die weltliche Verwaltung ein Verlassen zu ermöglichen. Auch Mönche sind dabei gewesen, in der Freskomalerei bewandert wie weit und breit keine anderen, sie sind selbst in St. Gallen und im Rätischen vorzufinden.

Kloster Reichenau ist neben St. Gallen sozusagen ein erster, ein befreiender Abschluß einer langen Epoche gewesen, die heute noch wenig durchsichtig erscheinen mag, weil sie erst einmal Form annehmen muß, von der Spätantike abgesehen. Der Bodensee bleibt von dem Menschenstrom der Völkerwanderung weitgehend verschont, weil die hohen Kuppen des helvetischen Gebirges die Völkerstämme abschrecken, ebenso die gewaltigen Urwälder an den Abhängen, die selbst später einem St. Gallus das Leben sauer machen. Die Burgundische Pforte ist das Tor nach dem Süden.

Da gibt es in den Tälern von Graubünden noch die Rätoromanen, die in Chur sogar über einen eigenen Bischofssitz verfügen, ein sehr eigenwilliges, aber auch ein einflußreiches Volk in jenen Tagen, das es immerhin fertigbringt, daß seine romanische Sprache bis zum heutigen Tag von dem Land öffentlich anerkannt wird. Es stellt mit Johannes, auf Vorschlag von Gallus, den ersten Bischof von Konstanz.

Die Christen sind häufig mehr in den Untergrund getaucht, aber es gibt in Gallien und in Trier noch Bischöfe. Freilich bedarf man ihrer sehr, weil die neuen Stammesherren dringend Leute für ihre Verwaltung benötigen. Die Zurückgebliebenen sind allerdings nicht allzu zahlreich, der pausenlose Ansturm der Fremden hat überall breitflächige Menschenlücken hinterlassen. St. Martin von Tours vermag nichts zu beeindrucken, man läßt ihn auch weitgehend in Ruhe, fürchtet ihn sogar, weil ihm so viele Wunder zugeschrieben werden.

Es muß ein unheimliches Vakuum vorgeherrscht haben, der Götterglaube der neuen Herren findet nirgendwo großen Anklang. Die Fremden, voran die Franken, mögen diese Leere gespürt haben, mit Siegen ist es nicht allein getan. Das Spätantike ist ihnen völlig fremd, was ihnen davon in die Hände gelangt, muß für sie unverständlich gewesen sein, zumal sie die lateinische Sprache im allgemeinen nicht verstehen. Sie sind ungestüm, mutig, in ihnen schlummern ungeahnte Kräfte, sie werden eines Tages fähig sein, diesem Kontinent ihren eigenen Stempel aufzudrücken.

Zunächst geschieht es im Gesellschaftlichen, das weitverzweigte Geschlecht der Merowinger übernimmt bei den Franken die Macht, vor allem in Neustrien. Die Alemannen haben ihre Herzöge, deren Einfluß sich sehr in Grenzen hält, der örtliche Adel bildet ein wichtiges Bindeglied zu den Gemeinden.

Es ist wie eine Verschnaufpause vor den geistigen wie geistlichen Entscheidungen. Das Zügellose, das auch als Freiheit empfunden werden kann, wird irgendwie noch genossen, sie mögen bei der Entdeckung der Spätantike geahnt haben, daß man hier auf die Dauer nicht ohne gehobenere Ansprüche auskommen kann.

Dann kommen sie, die Iren, Iroschotten oder Irofranken – wie sie gerade genannt werden –, ungerufen ins Land, Fremdlinge, meist von kleinerem Wuchs, häufig mit dunkleren Haaren, beweglich in der Sprache und in ihren Bewegungen. Seltsamerweise werden nur wenige von ihnen umgebracht, obwohl sie unerschrocken die christliche Lehre verbreiten, mit Erfolg verbreiten. Sie erregen Erstaunen, aber da sie geschickt die ersten Ansätze der neuen Lehre, die da und dort eben doch schon im stillen vorhanden sind, ausnützen, gelingt ihnen Erstaunliches. Sie errichten Klöster nach einem festen Schema, mit einer sog. »gemischten Regel«, die Gebote des Benedikt von Nursia sind allenfalls nur verstümmelt in den Norden gelangt. Sie bauen ihre Ansiedlungen aus Stein, zum großen Erstaunen der Franken, die sich immer noch auf Holzbauten beschränken, obwohl ihnen während ihrer Wanderschaft genug Steinhäuser aufgefallen sein müssen. Sie beherrschen nicht nur die lateinische, gelegentlich auch die griechische Sprache und verstehen es obendrein, sich mit den Einheimischen zu verständigen.

Es sind harte asketische Regeln, die sie aufstellen, aber in einer herben, unerbittlichen, vor allem in einer siegreichen Konsequenz, die den Franken besonders imponiert. Die alten Götter stehen auf schwachen Füßen, mehr durch Überlieferungen weitergereicht und meist mit dem Kriegerischen in Zusammenhang gebracht. Die Iroschotten haben ihre Evangeliare mitgebracht, unzählige folgen diesen nach, ganz Irland ist anscheinend zu einem schreibenden Verlag geworden. Die Fremden wandern von Ort zu Ort, von einem fast urchristlichen Eifer besessen. Sie gewinnen an Boden, stoßen in das Vakuum, das Strenge ist gerade richtig, um die gleichgültig gewordenen Stämme aufzurütteln. Die Iroschotten sind klug genug, ihren Gott zum Gott des Heils zu machen, gerade dieses Wort kommt bei den Herrschenden besonders gut an. Wie schnell haben sie es geschafft, in das merowingische Königsgeschlecht einzudringen!

Die Iroschotten sind von Haus aus ein musikalisches Volk, sie bringen wieder den Gesang nach Europa, wenn auch mehr in Form von Chorälen. Byzanz geht ihnen vor Rom, voran steht für sie freilich das Heilige Land, das Heilige Grab ist für sie der Mittelpunkt der Welt.

Sie verstehen bereits etwas vom Tonsetzen, in ihren Klöstern gibt es eigene Musikschulen, voran das spätere Kloster Reichenau. Eine Heilige Messe ist nur die Hälfte wert, wenn nicht gesungen wird.

Sie kommen von der großen grünen Insel, die keine römische Besatzung erlebt hat, aber es sind auch genug Schotten unter ihnen, von keltischem Geblüt wie sie. Da wie dort ist es eine Klosterkirche, welche die Zeichen setzt. Die Klöster beherbergen häufig genug über 1000 Seelen, jeweils eine kleine Stadt für sich. Die römischen Kommandanten haben einst den Christen gestattet, daß sie in England auch vor den römischen Linien Klöster errichten, ganz gewiß nicht nur aus uneigennützigen Gründen. Diese Gemeinschaften werden später von den einströmenden Angelsachsen verdrängt, meist nach Schottland und Wales. Die Eroberer schauen verächtlich auf die dunkelhaarigen, mehr kleinstämmigen Scharen, nicht ahnend, daß sie 150 Jahre später von ganz anderer Seite her auf den gleichen Glauben stoßen werden.

Splitter von Christengemeinschaften hat es auch in Irland gegeben, St. Patrick faßt sie wahrscheinlich zu einem großen Block zusammen und beläßt den klösterlichen Charakter der Zentren.

Kolumban der Ältere, später auf der Insel Jona lebend, ist unermüdlich damit beschäftigt, die geistige Ausrichtung zu schaffen, auf ihn gehen die sog. »gemischten Regeln« vorwiegend zurück. Spätantike Akzente werden weitgehend vermißt. Er ist es, der die Iroschotten in eine heilige Unruhe versetzt, weil er das Gebot der Heimatlosigkeit hinzufügt. Es ist das Signal zum Missionieren schlechthin. Eine gewisse innere Unruhe ist in diesen Landstrichen schon immer zu Hause gewesen, man kann eigentlich behaupten, bis zum heutigen Tag. Die Regel der Heimatlosigkeit schafft Kraft, Mut, Entschlossenheit, mögen dann auf dem Kontinent die Erfahrungen des einzelnen auch herb genug gewesen sein. Das Alte Testament spielt dabei eine Rolle, wie es überhaupt in der frühchristlichen Epoche häufig von bestimmendem Einfluß ist. Es werden die Worte des Herrn an Abraham gebraucht, um die jungen Mönche in ihrem Entschluß zu bestärken: »Geh aus Deinem Vaterland und aus Deiner Freundschaft in ein Land, das ich Dir zeigen werde«.

Die iroschottischen Mönche sind somit von den Grundfesten des christlichen Altertums beflügelt, sie steigen mit visionären Vorstellungen in die Boote, von denen nicht jedes das Festland erreicht. Wer von den Mönchen es aber betritt, der ist praktisch durch nichts umzustimmen. Europa hat ihnen viel zu verdanken, meist erinnert es sich leider nicht einmal mehr daran.

Pappelallee,
die Zufahrt zur Insel

10

Blick auf Oberzell
und das Schweizer Ufer
des Untersees

Ehemaliges Armenhaus,
erbaut Ende 16. Jahrhundert,
Anfang 17. Jahrhundert,
heute Altersheim

ild linke Seite:
ittelzell mit Münster
aria und Markus

Turmdach des Münsters
Maria und Markus

Mittelzell: Klosterhof

Münsterturm

Alter Erker

Bild rechte Seite:
Westfassade

Münster mit
spätgotischem Chor

Allerheiligenaltar

Blutaltar

Allerheiligenaltar
(Flügelaltar) von 1498,
unbekannter Meister

ANNO DÑI
M·D·L·V

Evangeliar aus
dem 10. Jahrhundert
(aus der Schatzkammer
des Münsters)

Bild rechts:
Pyxis, Elfenbeinschnitzerei
aus dem 5. Jahrhundert
Bild unten:
Markusschrein 14. Jahrhundert

Verkündigung
(Ausschnitt aus dem Markusschrein

Oberer Deckel
des Evangeliars Otto III.

Perikopenbuch:

Sakristei des Klosters

26

Grabdenkmäler von Äbten
des Klosters Reichenau

Bild nächste Seite:
Gotische Madonna

28

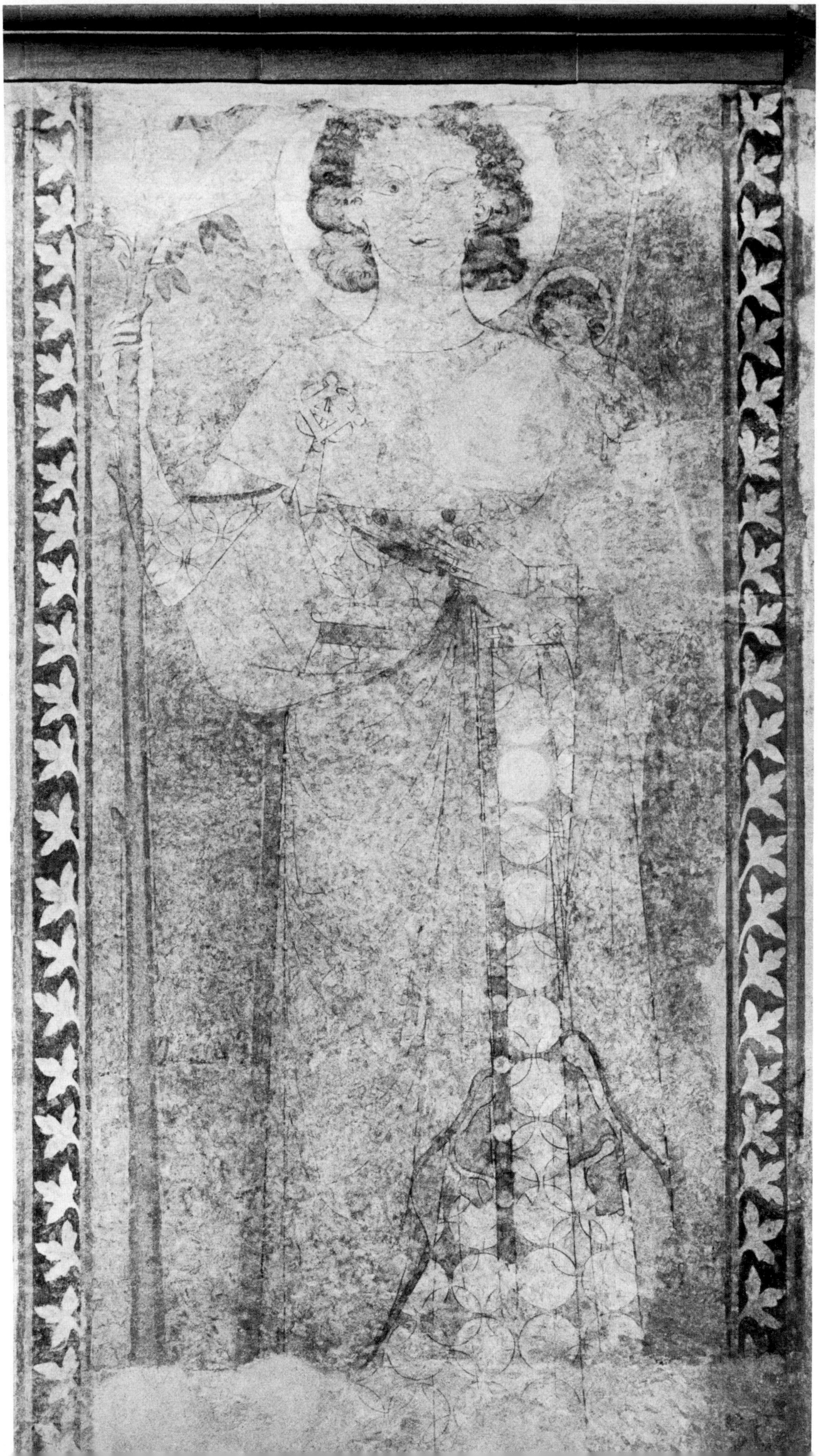

Christophorus
Fresko aus dem
13. Jahrhundert

Deckengewölbe aus Holz

Mittelschiff

…ettner und Chor

Romanische Empore

Sie kommen in Scharen, manchmal sogar aus Spanien. Kolumban der Jüngere ist die zentrale Figur, er lenkt insgeheim den Strom der Wandermönche, er ist von einer Überzeugungskraft, die an den späteren Bernhard von Clairvaux erinnert. Nichts ist ihm zuviel. Bald ist er an dem merowingischen Hof gern gesehen, obwohl er die Kebsweiber verjagt. Er zerschlägt schonungslos königliches Tafelgeschirr, wenn es am Hof unsittsam zugeht oder Völlerei betrieben wird. Er ist ein eifriger Klostergründer, wo nicht nur gebetet, sondern auch unterrichtet wird. Sein Hauptkloster ist Luxeuil (Elsaß), hier wie dort folgt ihm der junge fränkische Adel, er ist fasziniert von der Reinheit der christlichen Lehre, die monastische Disziplin imponiert ihm trotz ihrer Härten. Später zieht es Kolumban weiter in das alemannische Randgebiet, das von Churrätien aus wenigstens deutlichere christliche Züge aufweist. Am Bodensee tut sich Kolumban etwas schwer, vor allem in Bregenz, wo er mit den Seinen rücksichtslos heidnische Kultstätten vernichtet.

Es hat zu keiner Zeit härtere Regeln gegeben wie bei den Iroschotten. Krankheiten sind kein Hinderungsgrund, den Geboten und dem Abt nicht zu folgen. Das muß der Alemanne Gallus am eigenen Leibe erfahren, als er mit hohem Fieber darniederliegt. Kolumban läßt ihn in Bregenz zurück, er unterbindet jede Bitte, obwohl Gallus, als geschickter Fischer, die Schar mit Nahrung versorgt hat. Wie flink hat er die Netze zu flicken vermocht! Umsonst.

Kolumban überquert die Alpen und gründet in Bobbio ein neues Kloster, sein Sterbekloster. Er wechselt mit Gregor dem Großen Briefe, die Folgen nach sich ziehen werden. Rom ist ein gutes Stück vorangekommen in seinen Beziehungen zu den Iroschotten.

Gallus geht, als er endlich genesen ist, nach Helvetien und gründet dort eine Zelle, Grundstock für das spätere berühmte Kloster St. Gallen.

Die Iroschotten merken bald, daß sie auf dem Festland andere Organisationsformen benötigen als die reine Mönchskirche. Mit Hilfe der Merowinger besetzen sie einen Bischofsstuhl nach dem anderen, darunter auch Meaux und Basel. Das bisherige Episkopat ist häufig von sehr lauer Art gewesen, hatte die Missionierenden kaum unterstützt, die Verwaltung ihrer Güter und anderem Besitz mag bei ihnen oft genug vorrangig gewesen sein. In Glaubensfragen haben die Iroschotten jetzt das volle Sagen und sie zeigen sich darin keineswegs zimperlich. Kolumbans Nachfolger Eustachius hat keine Schwierigkeiten mehr, als er das Festland betritt. Der Strom von Büchern aus Irland reißt nicht ab. Wieviel Glaubenseifer doch dahinter steht!

Auch König Chlodwig läßt sich 598 taufen. Seine Erfolge sind beachtlich gewesen, ein Jahr zuvor hat er die Alemannen vernichtend geschlagen. Aber im Hintergrund wartet schon ein großer Gegner: Theoderich nimmt die Fliehenden auf, um sie später heimlich am Bodensee anzusiedeln. Das Land ist durch die große Völkerwanderung überall recht menschenleer geworden.

Chlodwig ist es gelungen, das größte Frankenreich bis dato zusammenzubringen, das weit nach Aquitanien hineinreicht. Sein Übertritt zum christlichen Glauben, der freilich mehr das Heil des Feldherrn im Auge gehabt haben mag, wird seine Früchte tragen. Byzanz, seit eh und je von einem empfindlichen Gespür für die politische Macht, läßt Chlodwig den Titel eines Konsuls überrei-

Säule der ersten
Kreuzbasilika

chen. Dieser nimmt die Ehrung sogar an, sie mag ihm freilich mehr als eine Trophäe erschienen sein.

Es kann nicht daran gerüttelt werden: Die Iroschotten haben den religiösen Wandel in Europa eingeleitet, sie haben das Christentum entscheidend gefestigt und den Stämmen des Festlandes zu einer christlichen Richtung verholfen. Sie haben den jungen Adel in ihren Klöstern erzogen, zum Teil auch zu Mönchen gemacht. Die Könige Dagobert I. und Eutherich II. sind ihnen eine wertvolle Hilfe gewesen. Die Iroschotten sind lange genug fast in Vergessenheit geraten, schuldlos, sicherlich auch wegen ihrer Bescheidenheit. Sie haben übrigens auch das Pech gehabt, von den Normannen auf ihrer Insel geschlagen zu werden und in der letzten Welle sozusagen als echte Flüchtlinge auf das Festland zu gelangen. Ihre Treue zum christlichen Glauben ist geradezu sprichwörtlich gewesen. Wer heute auf die Insel kommt, aber auch schon in der Bretagne, wo heute noch keltische Nachfahren leben, ist immer wieder erstaunt über die großen Kirchen, mag der Ort auch noch so klein sein. Der Eifer, die Inbrunst im Glauben sind zwei der Merkmale des Keltischen geblieben, es läßt sich daran nicht im geringsten rütteln bis zum heutigen Tag.

Die Iroschotten verrichten das Tagewerk des Gemeinen und erreichen darüber viele Hütten. Die nachfolgenden Angelsachsen verhalten sich distanzierter und widmen sich organisatorischen Fragen wie etwa Bonifatius mit der neuen Metropolitanordnung. Im Grund genommen haben diese insularen Nachfolger den Iroschotten halbwegs die Schau, das allgemeine Wissen um ihre Mühen gestohlen. Anderen Völkern ist es auf ausgewählten Gebieten freilich ähnlich ergangen, wer weiß z. B. heute noch, daß die Langobarden über Jahrhunderte die Steinmetzen Europas gewesen sind!

Ähnliches ist bei St. Pirmin zu bemerken. Angeblich soll ihm von den alemannischen Herzögen, mit dem Einverständnis von Karl Martell, die Insel Reichenau zu einer neuen Klostergründung zugesprochen worden sein. Die einen nennen ihn einen Iroschotten, was er augenscheinlich auch war, andere einen Angelsachsen, einige behaupten sogar, daß er ein Spanier oder Aquitanier gewesen sei. Wie Pirmin zu seiner Ernennung gekommen ist, wird wohl immer im dunkeln bleiben. Karl Martell (der »Hammer«) ist bereits ein mächtiger Mann gewesen, am ehesten rührt der Entschluß zur Entsendung von Pirmin nach der Insel Reichenau primär von ihm her. Die Herzöge scheinen damit keineswegs so einverstanden gewesen zu sein, wie immer behauptet wird, denn sie verbannen den Heiligen schon drei Jahre später (727) nach Kloster Murbach im Elsaß.

Pirmin wird mit den Seinen wahrscheinlich auf Menschen gestoßen sein, dafür spricht schon der nördliche Standort der Anlagen, die anscheinend Rücksicht auf bereits vorhandene Bauten nehmen mußten. Sein erstes Ziel ist zweifellos die Errichtung eines großen Holzkreuzes gewesen und wenigstens einer festen Zelle, um die Klostergründung allerorts bestätigt zu bekommen. Trotz seines kurzen Aufenthaltes hat Pirmin Beständiges geschaffen, wenn auch die ersten Bauten sicherlich nur aus Holz gewesen sind. Es sind der Glaube und die Tugenden des Mönchseins, die er hinterläßt. Schließlich gibt es auch die irischen Schriften, die Erstaunen hervorrufen, auch die berühmt gewordenen Initialen und mehr ornamentalen Miniaturen. Die Schriften sind einfach gehalten,

Gold und Silber fehlen völlig, die erst in der karolingischen Zeit eifrige Verwendung finden.

Es hält Pirmin in Murbach nicht allzu lang, er zieht nordwärts und gründet neue Klöster. Hornbach in der Pfalz ist schließlich zu seinem Sterbekloster geworden.

Karl Martell hat weite Teile des Abendlandes durch seine Siege bei Tours und Poitiers vor den Arabern bewahrt, eine Glanztat, fürwahr! Europa sind damit unvorstellbare Folgen erspart geblieben.

Die Zerstörung des Klosters Monte Cassino durch die Langobarden hat seltsame Folgen: Papst Gregor der Große sucht sich aus der geflohenen Schar 40–50 Benediktiner aus (die Angaben schwanken) und schickt sie unter der Leitung des Benediktiners Augustinus 596 nach England. Sie erhalten eine ungewöhnliche Ausstattung: sie dürfen ein silbernes Kreuz tragen und führen ein Tafelbild mit sich, welches das Antlitz des Herrn zeigt. Sie sollen »aus den Angeln Engel machen«. Man will es einfach nicht glauben, daß ein derartiger Plan mit so wenigen Missionaren gelingen kann. Sie stoßen auf keinen nennenswerten Widerstand. Auch die Angelsachsen haben den Mönchen nichts Wesentliches entgegenzusetzen, ihre Bilder werden fast überall als ein Wunder angesehen, weil man bisher eine Menschendarstellung nicht gekannt und gesehen hat. Die Farbenfreude der spätantiken Malweise wird das Ihrige dazu beigetragen haben. Die Benediktiner erweisen sich als weltgewandt. Obwohl von Haus aus dazu aufgefordert, vermeiden sie asketische Forderungen. Zielstrebig bauen sie eine Bischofskirche auf, eine Hochschule darf dabei nicht fehlen. Sie gehen auf die Mentalität der Angeln ein und gewinnen sie. Sie bringen das Königshaus und den Adel auf ihre Seite. Einige Dutzende von Mönchen missionieren ein ganzes Land erfolgreich! York wird eine ihrer Bildungsstätten. Hervorragende Männer verlassen den Ort, man braucht nur an Alcuin zu denken. Die englische Kirche ist vorwiegend auf Rom ausgerichtet.

Christliche Mission scheint ein Anliegen zu sein, das sich vor allem insular schnell ausbreitet, zunächst im eigenen Land, dann auf dem Kontinent. Die Angelsachsen kommen nicht in Rudeln wie die Iroschotten, aber es sind ausgewählte Persönlichkeiten, wie etwa Willibrord oder Bonifatius (geb. 675, gest. 5. 6. 754). Dieser bittet zunächst um den Schutz von Karl Martell, der ehemalige Mönch, von Gregor II. zum Bischof ernannt, genießt weiterhin den Schutz der Pippiniden. Nur so kann er in ganz Deutschland missionieren, selbst in dem schwierigen Bayern. In unnachahmlicher Weise wird dabei die Kirche gestrafft, das Bischofsamt gestärkt, ohne allerdings die Klöster allzusehr zu benachteiligen. Schließlich befindet sich in Fulda ein sog. »Eigenkloster« von ihm, in das er sich gern zurückzieht. Nur mit den Friesen wird er, trotz anfänglicher Erfolge, nicht fertig, sie erschlagen ihn später rücksichtslos mitsamt seinen 52 Begleitern. Er darf zu Recht als Apostel der Deutschen bezeichnet werden, denn er hat Zuversicht und Klarheit in das Land gebracht, es in seinen Teilen zusammengeführt, durch ihn ist die Kirche zu einem beständigen fruchtbaren Faktor weiter Teile von Europa geworden.

Auf der Insel Reichenau geschieht indessen wenig. Der Adel sitzt fest im Konvent, das Kloster hat an Besitz gewonnen. Draußen freilich hat sich die politische Landschaft sehr geändert, seitdem Carlmann bei Cannstatt die Alemannen vernichtend geschlagen hat. Immerhin hat es nach Pirmin

Abt Heddo gegeben – übrigens ein eifriger Mitstreiter von Bonifatius –, der dann als Bischof nach Straßburg geht.

An das erstaunliche Phänomen, daß die Hausmeier schließlich das Geschlecht der Merowinger überflügelt haben, darf hier nur erinnert werden. Die alemannischen Herzöge, die selbst Pirmin ernst zugesetzt haben, sind zu halben Vasallen geworden, wenn auch niemand laut darüber spricht.

Die Pippiniden verstehen vor allem etwas von der Verwaltung, sie sichern sich ein Bistum nach dem andern, greifen stärker nach Austrien über, die Sachsen und Thüringer bekommen ihre Macht zu spüren. Es kann nicht ausbleiben, daß sich ihre Spitze verdichtet, daß aus ihren Reihen ein Mann kommen kann, der das Vielverzweigte, die Verästelungen des Frankenreiches zusammenfassen kann. Er läßt in der Tat nicht lange auf sich warten, es ist König Karl, sein Bruder Carlmann wird anfänglich Mitregent, stirbt allerdings bereits nach drei Jahren.

Der König weiß schon lange, woran es fehlt. Man braucht Köpfe von Rang, die das Terrain administrativ konsolidieren können. Es fehlen Gelehrte, Diplomaten, Männer mit pragmatischem Geschick, welche die Schreiberlinge dirigieren können. Es fehlt der Boden der Macht, der kulturelle Fundus, der das Regieren erleichtert. Etliche Leute müssen schreiben und lesen lernen, sehr viele sogar. Die St. Gallener Klosterordnung ist dem König gerade recht. In den Klöstern findet er das Wissen, das zum Lehren gehört. Karl versteht es, zu begeistern. Er macht die alten Klöster zu Reichsabteien, holt sich die Äbte an den Hof als Berater oder Kuriere. Seine Auflagen läßt er langsam einfließen: die Errichtung von Schulen, soweit noch nicht vorhanden. Es wird besonders Wert auf Mathematik und Grammatik gelegt, die Baukunst soll nicht zu kurz kommen.

Schreiben und Lesen sollen voranstehen, im Lateinischen natürlich. Karl versteht es, zu überzeugen, er entfacht einen Brand ohne Beispiel, er ist klug genug, auch die Malerei und Musik zuzulassen. Er bestimmt ungeniert die klösterlichen Strukturen, wenigstens auf Zeit. Die Äbte sind am Hof mehr zu sehen als in ihren Abteien. Jüngere tatkräftigere Männer bestimmen daher das Klosterleben, sie sind meist begeisterte Anhänger des Königs.

Karl umgibt sich mit einer Elite, die sich sehen lassen kann. Die Angelsachsen stehen mit Alcuin voran, der König schätzt ihr sachliches Vorgehen. Alcuin hat sich klammheimlich Kloster Tours gesichert und damit 2000 Anhänger gewonnen. Die Iren sind immer noch mit von der Partie, der König braucht sie als Regulativ, vor allem gegen die Angelsachsen, so ist der irische Ratgeber Duncal oft in der Nähe des Königs zu sehen. Die Westgoten sind durch Theodulf vertreten. Karl versteht es, seine Leute in Bewegung zu halten, es darf keine Zeit versäumt werden. Es sind freundliche, aber bestimmende Kontrollen, die sie durchführen müssen. Karl lernt selbst die lateinische Sprache und vermag in antiken Büchern zu lesen. Das wirkt ansteckend, belebt die Geister, überzeugt sie von dem Ernst des Vorhabens. Nächste Vertraute dürfen ihn sogar leise »Horaz« nennen, ein Vorgang, der für sich allein spricht. Es vollzieht sich der schnellste und größte Umlernprozeß, den es je in Europa gegeben hat. Ein Rad greift in das andere, Fehler ereignen sich nur selten. Alle Fäden führen zum König. Man weiß von seiner Härte, wenn er sie für nötig hält. Die sog. »Karolingische Renaissance« läuft langsam an. Das berühmte »Godescale-Evangeliar« ist erst 781–83 fertiggestellt, es bringt dem König Verlorenes zurück oder bildet unvermutet den Boden zu Neuem.

Was nicht alles von den Zeichnern und Miniaturmalern abverlangt wird! Über Nacht können sie gewiß nicht zu den drei Dimensionen gelangt sein. Es verlangt häufig Kopfarbeit, der sie im Grunde genommen fremd gegenüberstehen. Sie wollen eigentlich mit dem Körperlichen nichts zu tun haben, auch nicht mit der Tiefe des Raumes.

Karl bringt das Fremde herbei, sei es aus Rom oder Monte Cassino, »ex authentico libro« ist ein Siegel der Zuverlässigkeit. Der König versäumt nicht, die Seinen zu plazieren, der Langobarde Paulinus wird Bischof von Aquilèia. Die karolingische Minuskel wird später zum Vorbild der Antiqua-Alphabete. Die Spätantike gewinnt durch den König an neuem Einfluß, sie beherrscht die Szenerie. Die Hand des Karolingers reicht weit: In Wien entsteht das bekannte Krönungs-Evangeliar, in dem auch hellenistische Motive zum Vorschein kommen. Es ist sozusagen die Vollendung seiner Vorstellungen, die der König vorantreibt, seine Bibliothek in Aachen ist beispiellos, mögen nach seinem Tod auch Reims, Tours und schließlich Metz mehr in den Vordergrund treten.

Die karolingischen Schriften des Klosters Reichenau sind leider weitgehend, bis auf Ausnahmen, verschwunden, hier mögen der allgemeine Niedergang der Abtei, die Übernahme durch Konstanz und letztlich die Säkularisation eine Rolle gespielt haben. Die Kopie der Psychomachie des Prudentius darf u. a. genannt werden.

Karl der Große hat sich dreißig Jahre für seine Vorhaben in dieser Richtung Zeit gelassen. Es geschieht über Erlasse und Manifeste, die seine Mitarbeiter häufig ausarbeiten müssen. Wichtig ist für ihn der allgemcine Lernprozeß, der den Franken zwar nicht den Ruf, als Barbaren zu gelten, nimmt, ihn aber wenigstens mildert. Er ist und bleibt darin unnachgiebig, er weiß besser als viele andere, daß ohne eine direkte Anschauung nicht auszukommen ist. Sie muß vorbildlich sein. Hunderte von Zeichnern sind dafür unermüdlich tätig, sitzen über Tische geneigt, ständig von allen Seiten angetrieben, auch nachts!

Kloster Reichenau ist von Anfang an vertreten, sogar vorrangig vertreten. Abt Waldo (782–806) zählt zu den engen Vertrauten des Königs, der ihn zum Erzieher seines Sohnes Pippin bestimmt.

Er ist überall dort zu finden, wo sich einiges auf Wunsch des Hofes anbahnt. Schließlich wird ihm nach Pavia auch noch das Bistum Basel zugesprochen. Dann überkommt ihn das Heimweh und er kehrt in das Kloster Reichenau zurück. Zu viel ist ihm abverlangt worden. Karl gibt keine Ruhe und ernennt ihn zum Vorsteher der berühmten Abtei St. Denis, der späteren Grabkirche der französischen Könige. Das Reisen hat aufgehört, aber letztlich ist er doch damit ein Gewährsmann des Kaisers in Neustrien geworden. Es ist dieselbe Abtei, die später unter Abt Suger einen entscheidenden Anstoß zur Anerkennung der Frühgotik auszuüben vermag.

Seinem Nachfolger in Reichenau bleibt nicht viel Zeit, obwohl er lange erfolgreicher Leiter der Klosterschule gewesen ist und entscheidend zu der Berühmtheit der Ausbildungsstätte beigetragen hat. Heito muß nach Aachen, er erreicht rasch das Vertrauen des Herrschers, der ihn sogar in einer delikaten Angelegenheit nach Byzanz schickt.

Die altchristliche Kunst (vor allem unter Justinian, 527–565) wird er nur noch z. T. gesehen haben, in der sich römische, griechische und orientalische Elemente in einmaliger Weise vereint haben. Das Bild als solches ist seit 726 in die Ungunst des Hofes geraten. Aber bauliche Pracht und Kirchen sind sicherlich genügend vorhanden gewesen, die häufigen Kuppelbauten müssen den Abgesandten fasziniert haben. Wahrscheinlich ist Heito bei Kaiser Nikephorus I. (802–11) gewesen, der sich als einsichtsvoll gegenüber den Belangen des weströmischen Reiches erweist und die Schenkungen aus Aachen, ohne zu zögern, annimmt. Die Hauptstadt ist unvergleichbar, mögen auch vorübergehend die Bulgaren, Syrier und Araber sie angegriffen haben. Eine Weltstadt schlechthin.

Mit welch diplomatischem Geschick er behandelt wird! Er muß sich eingehend umgesehen haben, leider geht später sein Reisebericht über Byzanz verloren. Der oströmische Bilderstreit kann Heito gar nicht entgangen sein, wenn auch gewiß nicht laut darüber gesprochen worden ist. Es dauert immerhin recht lange, bis ihn Kaiserin Theodora 843 schließlich beendet.

Karl der Große hat einer ähnlichen Entwicklung von vornherein entgegengewirkt, indem er seine Theologen anweist, die »Libri Carolini« zu schreiben, nach der jegliche Malerei nur einen schmückenden und dekorativen Charakter haben und nicht zu einer eigenen Aussage sich je erheben darf. Die Baulust Heitos ist auf alle Fälle angeregt worden, über sie wird noch zu berichten sein. Auch er erhält den Bischofsstuhl von Basel.

823 gibt Heito sämtliche Ämter ab und verbringt 13 Jahre als einfacher Mönch in einer schlichten Zelle des Klosters Reichenau. Er ist genug unterwegs gewesen, er hat viel gesehen, und der Mißbrauch der weltlichen Instanzen am Mönchstum und seinen Äbten wird ihm wohl kaum entgangen sein. Kaiser Karl ist tot. Herbstliches hat sich in Aachen bemerkbar gemacht. Zu Lebzeiten des Kaisers hätte Heito wohl kaum untertauchen können. Jetzt sucht der ehemalige Abt die Ruhe und Abgeschiedenheit der Zelle, wo es sich besser beten läßt. Seine Stimme darf wieder einmünden in die Choräle seiner Mitbrüder. Es wird der Tag kommen, an dem sie ihn in feierlicher Prozession aus der Kirche tragen werden, die uralten Lieder um den Tod auf den Lippen.

Kloster Reichenau ist längst im ganzen Reich bekannt geworden, seine Schriften und Miniaturen sind von besonderer Erlesenheit und an vielen Orten von Bedeutung zu finden.

Doch damit noch nicht genug! Der Strom an Begabungen ist in Reichenau noch nicht versiegt, er findet jetzt einen Höhepunkt im Dichterischen, nämlich in Wahlafrid Strabo. Er ist wohl der erste Umdeuter, Verwandler gewesen, der fränkischer Gefühlsbetontheit Ausdruck verleihen kann. Das Mystische meldet sich zu Wort, wie man es früher bei den Stämmen, wenn auch mit anderen Inhalten, von den Wahrsagern gehört haben mag. Es gelingt ihm, die Visionen des Wetti zu Pergament zu bringen, es sind die Visionen eines Todkranken. Er verleiht ihnen eine eigene Beweglichkeit des Ausdrucks, sein Geschick und die Biegsamkeit in Hexametern sind in diesem Reichtum der Formen nördlich der Alpen bisher noch nicht vorgekommen. Er hat an dem Verbrüderungsbuch mitgearbeitet, das schließlich von Abt Erlebach vollendet wird. Letztlich ist es eine Anweisung, für wen die Mönche zu beten haben. Natürlich fehlt der Name Pirmin nicht. Die Ehren lassen nicht lange auf sich warten, er wird Abt des Klosters Reichenau und bald darauf zum kaiserlichen Hof gerufen, um die

Erziehung von Karl II. (der Kahle) zu übernehmen. Auch ihn zieht es eines Tages (842) auf die Reichenau zurück. Er hat Mühe, das Amt des Abtes wiederzuerlangen. Nun widmet er sich vorwiegend literarischen Arbeiten, die seinen Ruhm als Dichter noch weiter verbreiten. Er ist unermüdlich, als habe er eine Ahnung, daß ihm nicht mehr viel Zeit bleibt. Sein Rat ist am Hof noch immer gefragt. Karl der Kahle verlangt im August 849 dringend seine Mithilfe, weil er sich in schwierigen Verhandlungen befindet. An der Loire ist Strabo dann durch einen Unglücksfall gestorben, fern von der geliebten Insel Reichenau. Er erleidet einen nassen Tod in den Fluten des Stromes. Das Karolingerreich hat mit ihm seinen größten Dichter verloren.

Die »Karolingische Renaissance« hat dem Norden zu einem neuen Gesicht verholfen. Verbindendes ist zwischen Nord und Süd entstanden, manches heidnische Element ist dabei hinzugekommen. Wie hätte es anders geschehen können!

Nicht überall ist man ihr gefolgt. In Saint Amant in Nordfrankreich sind die alten Tier- und Pflanzenzeichen noch in den Evangeliaren vorherrschend, freilich in einer ungewöhnlichen Verfeinerung der Darstellung. Schon aus Gründen der Abgrenzung, vielleicht auch, weil ihn das Geschaffene mehr anspricht, wird die Abtei von Karl dem Kahlen besonders bevorzugt.

Das sog. »Goldene Zeitalter«, das letztlich ein karolingisches gewesen ist, geht nach dem Tod von Wahlafrid Strabo langsam zu Ende.

Karl der Große hat mit den Mitteln seiner Zeit fast Unmögliches erreicht. Keine Seite kann ihm letztlich gerecht werden. Er hat das nördliche Europa entscheidend geprägt, oft mit harter Hand, immer auf der Hut, ohne je einer Angst oder einem Zweifel zu verfallen.

Die Klöster haben seine Gunst erfahren, viele Äbte gelangen in den europäischen Umlauf. Der Kaiser weiß es zu schätzen, daß sie immer noch das Gebot der Armut lehren und befolgen. Sie dämpfen damit Erwartungen, die sich überhaupt noch nicht realisieren lassen. Er ist stolz auf seine Erfolge und läßt rechtzeitig seinen Sohn, Ludwig den Frommen, zum König salben. Sein Schatten fällt auf ganz Europa, das hat es bisher vom Norden aus noch nicht gegeben. Es ist nicht überliefert, wie er selbst über die Zukunft gedacht hat. Er versteht sich auf Repräsentation, sie ist ein Attribut, das zum Regieren gehört. Er ist ein kühner Kaiser gewesen, der aber die Übersicht nicht verloren hat. Er ist sich bis zuletzt seiner Sache sicher. Er hat den Anfang gemacht, die Geistlichkeit zu sich zu rufen, ohne darüber in eine Abhängigkeit zu geraten. Das Gleichgewicht bleibt unter ihm in Europa gewahrt. Karl der Große weiß, was er wert ist. Seine Söhne und Enkel werden bald nach seinem Tod notgedrungen das Geschaffene in familiärem Einverständnis wie ein Butterbrot unter sich verteilen.

Das Münster St. Maria in Mittelzell darf als ein Wahrzeichen des Klosters Reichenau angesehen werden. Von den übrigen Bauten ist nur ein Teil erhalten geblieben, vieles ist verschwunden, auch die Wehrmauern, die den Klosterbereich einst eingesäumt haben. Im Nordosten ist im Viereck noch ein Klosterbezirk jüngeren Datums vorhanden mit zwei hübschen Rundtürmen (Abb. S. 14), Teile des früheren Vorratsgebäudes.

Es ist dabei zu bedenken, daß das Kloster in seiner Blütezeit 600–800 Mönche, wenn nicht noch mehr, beherbergte. Als karolingisches Ausbildungszentrum, nicht nur für Grammatik – übrigens damals die wichtigste Disziplin überhaupt! –, sondern auch für die Dichtung, Malerei und Musik, müssen etliche Hunderte von Zöglingen hinzugerechnet werden. Selbst bei großer Genügsamkeit muß das Inselkloster eine gewaltige Ausdehnung erfahren haben, welche die zeitgenössischen Betrachter nur in Bewunderung und Erstaunen versetzt haben kann.

Man sehe sich nur einmal den Reichenauer Klosterplan in St. Gallen an (816–823)! Da ist wirklich an alles gedacht worden. Sogar ein Aderlaßhaus ist vorhanden, ein Garten für Heilkräuter, ein Ärztehaus, ein Hospital mit eigenem Kreuzgang!, eine eigene Kapelle für das Krankenhaus, auch das Noviziat verfügt über einen eigenen Kreuzgang: nur um einiges zu nennen.

Das Inselkloster ist immer noch im Gespräch, eine umfangreiche Literatur beschäftigt sich auch heute noch mit ihm. Es mag wohl daran liegen, daß wir der Abtei viel zu verdanken haben, gerade auch im Gestalterischen, voran natürlich die ottonische Miniatur- und Freskenmalerei, auch die Dichtung zahlreicher Mönche und Äbte hat eine erstaunliche Ausbreitung erfahren. Die Insel Reichenau und ihr Kloster sind lange genug ein Begriff gewesen. In der Abtei vibrierte das geistige Leben, gar mancher Klosterinsasse ist wegen seines Könnens und seines Geschickes im Umgang mit den Menschen als Erzieher der Nachkommen an den königlichen, später an den kaiserlichen Hof gelangt. Von der karolingischen Epoche, in der das Kloster eine so große Rolle gespielt hat, ist nur wenig erhalten geblieben. Von der ottonischen Zeit wird noch die Rede sein, ein einsamer Höhepunkt der Miniaturen ist das Perikopenbuch für Heinrich II. gewesen, ein Juwel in seiner Art (Bayerische Staatsbibliothek, München – Herzog-Georg-Bibliothek, Wolfenbüttel).

Im Baulichen sieht man sich gezwungen, zu improvisieren, weil man bei den vielen Aufgaben einfach nicht nachzukommen vermag. Die frühmittelalterlichen Klöster haben fast alle Mühe gehabt, das Terrain durchzuorganisieren, weil es an Beispielen fehlte, der Zustrom von Mönchen an den Schulen gewaltig gewesen ist, aber auch in rein klösterlichen Fragen verstreicht viel ungenützte Zeit. So dauert es fast 100 Jahre, bis sich die Regeln des heiligen Benediktus von Nursia im Kloster Reichenau völlig durchsetzen können. Der Originaltext gelangt erst 817 nach dort, vieles ist freilich zuvor auf mündlichem Wege geregelt worden.

Die verschiedenen Bauperioden machen den besonderen Reiz des Münsters in Mittelzell aus. Hier ist keineswegs an irgendeiner Stelle gespart worden. Die Gliederung ist von einer erstaunlichen Übersicht, ein bauliches Zeitalter folgt dem anderen in organischer Weise. Schon ein Rundgang um die Kirche ist eine einzigartige, eine überaus angenehme Überraschung. Man glaubt, es geradezu zu spüren, wie sich der Baukörper durch die Jahrhunderte langsam ausgebreitet hat. Immerhin ist das Münster über einige Zeit das größte Gotteshaus des deutschen Südens gewesen! Wir verdanken Wolfgang Erdmann sehr vieles in der Rekonstruktion der einzelnen Bauperioden. Er ist unermüdlich an Ort und Stelle tätig gewesen und hat dabei manche vorherige Anschauung zurechtgerückt. Es sei ihm an dieser Stelle besonders dafür gedankt!

Oberzell mit Kirche
St. Georg

Ansichten von

St. Georg

Säulenkapitelle
und

Innenraum der
Kirche St. Georg

CHRISTUS · VINCIT · CHRISTUS · REGNAT · CHRISTUS · IMPERAT · CHRISTUS · AB · OMNI · MALO · PLEBEM · SUAM · DEFENDAT ·

46

Bild linke Seite:
Die Heilung des Besessenen
von Gerasa

Die berühmten romanischen
Fresken von St. Georg
(ottonisch)

Die Heilung des Wassersüchtigen

Abtsbildnis und Fresko
aus St. Georg

Blick in die westliche
Apsis

Reichenau mit Gnadensee
und Untersee:
Schutzgebiet für Wasservögel

Ruine Schopfeln

Fischer beim Netzauslegen

Die erste Basilikakirche ist von Abt Heito I. 816 eingeweiht worden! Ob es damals schon eine kreuzarmige Basilika gewesen ist, bleibt dahingestellt. Die Möglichkeit muß sogar in Betracht gezogen werden. Wenn es wirklich so gewesen sein soll, dann wäre das Münster in Mittelzell die erste kreuzarmige Basilika nördlich der Alpen überhaupt gewesen! An dem Vorhandensein eines Vierungsturmes besteht dagegen kein Zweifel. Hier spielt die Beobachtung des Abtes während seines Aufenthaltes in Byzanz eine Rolle. Der angeblich aus Syrien stammende Turm als solcher ist in der oströmischen Hauptstadt schon an dieser Stelle, also über der Vierung errichtet worden. Abt Erlebach, ein Neffe von Hatto (823–38), schließt den zunächst provisorischen Westteil organisch ab (825). Er ist übrigens einer der wenigen Äbte des Inselklosters gewesen, der nicht zu höfischen Aufgaben herangezogen worden ist, was er sicherlich nicht bedauert hat.

Nach den Bauanalysen sind heute noch Teile des östlichen Querhauses und des oberen Chores karolingischer Herkunft!

In der spätkarolingischen Periode tritt ein Reichenauer Abt fast an die Spitze des Reiches, wenn auch nicht dem Titel nach, sondern was seine Machtentfaltung anbetrifft. Hatto III. (Heito III.) hat es zum Erzbischof von Mainz (888–913) und damit zum Erzkanzler des Reiches gebracht, man bestellt ihn sogar zum Vormund von Ludwig IV., auch »Das Kind« genannt. Er hat damit alle Fäden des Reiches in der Hand und versteht es, geschickt damit umzugehen. Nach dem Tod seines Zöglings (911) ist er flink in seinen Entscheidungen und verhilft dem ostfränkischen Konrad mit zur Wahl als König. Er läßt es sich nicht nehmen, den neuen König eigens in Mainz zu salben und zu krönen. Die fränkische Vormachtstellung ist noch einmal gerettet worden, wenn auch Konrad I. nur zur Hälfte einem karolingischen Geschlecht entstammt.

Am Kloster Reichenau hat er seine Spuren hinterlassen, indem er den Westbau umgestaltet, die längst fälligen westlichen Flankentürme errichten läßt. Es entsteht dadurch die sog. erste »Markus-Basilika«, die Gebeine des Heiligen sind bereits 830 auf die Insel gelangt. Für St. Markus entsteht dabei sogar ein eigener Chor mit Altar.

Rom weiß, was es dem bedeutenden Mann schuldig ist. Der Papst schenkt Hatto II. 896 eine Reliquie von St. Georg, es ist das Haupt des Heiligen, das sich heute noch in der St.-Georgs-Kirche in Oberzell befindet. Hatto erweitert zunächst dort eine »Cella« von Haito I. zu einer Kirche, die wahrscheinlich zunächst nicht ganz den Umfang des jetzigen Gotteshauses gehabt hat. Die kleine Krypta – angeblich wegen des hohen Grundwasserstandes übrigens die einzige auf der Insel – ist wohl der erste Aufbewahrungsort der Reliquie gewesen. Kirche und Krypta gelangen später in den Besitz des Klosters. Über das im Nachgang vergrößerte Gotteshaus mit seinen einmaligen Wandmalereien wird später noch zu reden sein.

Es klingt seltsam, ist aber nicht zu bestreiten: Die großen, bedeutenden Äbte der Mönchsabtei sind eines Tages entschlossen, der politischen, diplomatischen Tätigkeit zu entsagen, um endlich wieder in die Stille ihrer Zelle des Klosters zurückzukehren. Oft genug üben sie dort keine Tätigkeit mehr aus, bewegen sich nur noch im Chor ihrer Mitbrüder, die Geschäftigkeit der Welt ist endgültig von ihnen abgefallen. Es ist bei Hatto III. (Heito III.) nicht anders, es bleiben ihm nur noch knapp zwei Jahre des stillen Verharrens, ehe er, indessen gebrechlich geworden, zur letzten Ruhe getragen wird (913). Ohne es zu wissen – vielleicht mag er einiges geahnt haben – hat Hatto III. praktisch den Ottonen den Weg zur Macht freigemacht, denn Konrad I. erweist sich als ein schwacher Herrscher, der sogar Lothringen an das westfränkische Reich verliert.

Die Reihe von bedeutenden Persönlichkeiten, die aus dem Inselkloster hervorgehen, ist keineswegs abgeschlossen. Es sind die Äbte Eggehard I. (958–972), Ruodman (972–985) zu nennen, vor allem Wittigowo (985–997), der bereits unter Otto II. ein wichtiger Ratgeber am kaiserlichen Hof gewesen ist und später zum ständigen Begleiter von Otto III. aufsteigt.

Wittigowo ist ein Mann seiner Zeit gewesen, den Künsten zugeneigt, seine Baulust kennt fast keine Grenzen. Er hat das Münster in Mittelzell umgewandelt wie kein anderer vor ihm. Die Reichsabtei wird unter ihm zu einem Zentrum der Buchmalerei schlechthin. Wir erfahren zum ersten Male Mönchsnamen, die in der Miniaturmalerei führend gewesen sind, nämlich Heribert und Kerald, die den berühmten Egbert-Codex ausgeschmückt haben. Wahrscheinlich sind die Fresken in St. Georg in Oberzell ebenfalls in der Regierungszeit von Wittigowo entstanden.

Doch zurück zum Münster! Er streckt und verbreitert die Basilika, und wiederum ist es der Westbau, der ihn besonders beschäftigt. Die Türme erfahren hier eine Erhöhung, Kapellen werden angegliedert, das Münster wird unter seiner Leitung zur größten Basilika des deutschen Südens. Er errichtet, wie es sich für ein so bedeutendes Kloster eigentlich gehört, vor dem Münster ein Säulenatrium, das ein freies Paradies einsäumt. Die Ostseite des Münsters dagegen läßt er weitgehend unberührt, wenn man von gewissen Erhöhungen absieht.

Im Kloster Reichenau, vor allem im Konvent, gärt es schon lange. Wittigowo ist übrigens ein guter Verwalter des Klosters gewesen, auch was die Finanzen angeht, wenn auch einiges wegen der Bauten abfließen muß. Der Abt ist den Insassen zu aufwendig, die Cluniazenser Reform ist mitten in Gang. Vielleicht ist es die Otmar-Kapelle gewesen oder die wertvollen Glocken, die Wittigowo anbringen läßt, das Abtsgebäude ist längst unter seiner Leitung zu einem ansehnlichen Bau geworden. Am ehesten darf das Säulenatrium den letzten Anstoß gegeben haben, den Zorn des Konventes bis zum äußersten zu steigern. In seinem 12. Abtsjahr wird Wittigowo vom Konvent überraschend abgesetzt, er gelangt nie mehr nach oben, er wird einfach verschwiegen. Selbst Hermann der Lahme nennt seinen Namen nicht. Ein Sänger des Klosters bringt dann doch vieles an den Tag, es ist Puchards »Carmen de gestis Wittigowonis Abbatis«, das den Abt hervorhebt, erstaunlich genug, denn Puchard ist ebenfalls ein Cluniazenser gewesen . . .

Wittigowo hat dem Inselkloster letztlich zu seinem Ruhm in der nachkarolingischen Zeit verholfen, durch ihn zeichnen sich die möglichen Umrisse ab, die das Münster in Mittelzell noch erfahren kann. Die Maße sind freilich abgesteckt, das mächtige Gotteshaus läßt sich eigentlich nur noch an den Rändern verändern. Vieles ist durch ihn geschehen, was den Besucher unserer Tage auf die Insel Reichenau lockt. Er kann ohne Einschränkung als großer Beweger des künstlerischen Schaffens im Inselkloster bezeichnet werden.

Brände sind im frühen Mittelalter nicht selten gewesen, man denke nur an die Dome von Mainz und Worms. Das Münster in Mittelzell ist zu Anfang des 11. Jahrhunderts ebenfalls von einem Brand heimgesucht worden, ausgerechnet in einer Zeit der Spannung innerhalb der Klostergemeinschaft.

Es kommt zum offenen Konflikt, als Kaiser Heinrich III. Ymmo (Immo), einen ausgesprochenen Reformer, zum Abt bestimmt. Ymmo kann sich nicht halten, unter dem Einfluß von Heinrich III. folgt ihm Berno, ein Lothringer aus dem Kloster Prüm, übrigens ebenfalls von den Ideen Clunys getragen. Aber er scheint es in der Reichsabtei zu schaffen, den Konvent umzustimmen, immerhin regiert er von 1008–1048! Schwere Aufgaben warten auf ihn. Von dem Vierungsturm scheint nicht viel übriggeblieben zu sein, Berno baut ihn schon gar nicht mehr auf. Es ist eine etwas schmerzliche Verwandlung des äußeren Anblicks gewesen. In den Schiffen gibt es viel zu tun. Am meisten muß der Westbau gelitten haben. Berno ist anscheinend ebenso fasziniert von dieser Aufgabe wie seine Vorgänger, ist doch der Westbau sozusagen das Aushängeschild des Klosters bzw. der Kirche. Zum anderen gibt es ihm die Möglichkeit, in der Art der Bauweise anschaulich zu machen, daß hier die Grenze ist, die Trennung des Klosters von der Welt, machtvoll, großzügig, einmalig klarsichtig wie selten eine Anlage. Turm und westliches Querhaus sind eng miteinander verbunden, der Turm ist sogar ein wenig in das hintere Gebäude eingefügt worden! Das bunte Quaderwerk ist einmalig schön, einfach, aber beeindrukkend, es ist in dieser Art sonst nirgendwo zu finden (Titelbild).

Eine Gruppe von vier Rundbögen zieren den oberen Stock. Eine ähnliche Bauweise gibt es nur in Westfalen, freilich wesentlich jünger, wahrscheinlich von Reichenau übernommen, ähnlich wie St. Michael in Hildesheim, von dem bekannten Baumeister Bernward vorangetrieben.

Dem Besucher ist zu empfehlen, lange genug vor dem Westbau zu verharren. Was sich doch Erstaunliches mit einfachen Mitteln erreichen läßt! Das Zeitalter der Ottonen und der frühen Salier hat zu einem verwandelten Baugedanken geführt, nordische Elemente sind mit eingezogen, der Eindruck südlicher Fremdheit ist weitgehend verschwunden. Das Münster St. Maria in Mittelzell ist ein Gotteshaus, das in die Landschaft paßt. Der mönchische Charakter, für den Menschen unserer Tage fast nicht mehr ganz vorstellbar, tritt hervor, die Zurückgezogenheit einer asketischen Gemeinschaft, der es freilich nicht an Stolz fehlt.

Die »Heiligkreuzrotunde« hinter dem Ostchor hat Berno übrigens belassen, sie ist erst dem spätgotischen Chor, der naturgemäß mehr Platz verlangt, zum Opfer gefallen.

Erst 1048 ist es soweit, daß das Münster eingeweiht werden kann. Berno ist indessen ein Greis geworden. Der Konvent hat ihm das Bauen nicht leichtgemacht. Immerhin ist die Weihe ein Ereignis von Rang. Kaiser Heinrich III. kommt mit seinem Gefolge eigens von Regensburg angereist, Bischof Theoderich von Konstanz vollzieht den festlich liturgischen Akt, Berno bleiben nur noch wenige Wochen. Dann erwarten auch ihn die Sterbegesänge seiner Mitbrüder.

Bereits unter Wittigowo soll der offene Dachstuhl entstanden sein, ein Vorgang, der durchaus zu ihm paßt. Hat er doch oft genug in seinem Leben das Außergewöhnliche gesucht! Berno sieht sich gezwungen, das Dach durch mehr Kehlbalken und Krummhölzer zu verstärken, um es mehr vor dem Druck der Winde zu schützen. Ob dennoch zwischenzeitlich eine feste Flachdecke eingezogen worden ist, bleibt ungewiß. In unserem Jahrhundert oder gegen Ende des 19. Jahrhunderts hat man es damit versucht, wie alte Aufnahmen zeigen, ist dann aber wieder davon abgekommen. Es ist auf alle Fälle eine ungewöhnlich luftige Konstruktion, wie sie wahrscheinlich nur in einer Klosterkirche möglich ist. Nur wenig soll verdeckt sein: den blauen Himmel zu sehen, ist dagegen nicht möglich, wenn sich der Blick nach oben richtet. Dafür ist der Kreuzgang da.

Über den Rundbogen des Westbaues erreicht der Besucher durch eine weitere Tür das Innere des Gotteshauses. Es ist ihm aber anzuraten, zuvor nochmals die Kirche, soweit möglich, als Ganzes von außen zu betrachten. Wie langgestreckt, in verschiedenen Stufungen, das Münster gegen den See zieht! Die Breite der Seitenschiffe ist schon von außen ersichtlich. Der gotische Chor erreicht nicht die Höhe des Westturmes. Das westliche Querschiff ist kräftiger ausgefallen als das östliche. Der Gast weiß nun, was ihn im Inneren erwartet. Erstaunlicherweise dennoch nicht ganz. Die Tiefe des Münsters bleibt für ihn überraschend. Die fast elegante Großzügigkeit in allen Teilen nimmt ihn gefangen. Ein wenig von dem unsichtbaren Geist der alten Reichsabtei ist gegenwärtig, ja, er verfolgt den Besucher von einem Detail zum anderen. Es ist eine große Pfeilerbasilika, die Seitenschiffe werden am Eingang durch zwei Rundbögen gestützt, im rechten befindet sich die einzige Säule im Inneren, die sog. »Wittigowo-Säule« (Abb. S. 32), deren Kapitell vielleicht aus dem verschwundenen Säulenatrium stammt.

Wer genau hinsieht, entdeckt unschwer, daß am Mittelschiff, aber auch an der Empore (Abb. S. 31) mit ihren beiden zuführenden Spindeltreppen, später staufische Baumeister tätig gewesen sein müssen. Er wird auch die kleine Irritation der Baufluchten nach dem zweiten östlichen Pfeiler unschwer entdecken: die Pfeiler sind danach kräftiger, der Abstand von einem zum anderen größer geworden. Es ist eigentlich gar nicht zu übersehen, seitdem der barocke Putz im Mittelschiff in jüngster Zeit – man kann nur sagen: Gott sei Dank – verschwunden ist. In dem offenen Dachstuhl sind ebenfalls Verstärkungen zu verzeichnen, es bleibt fraglich, ob von Wittigowos Anfängen hier überhaupt noch etwas übriggeblieben ist. Holz ist nun einmal kein Material auf Dauer.

Es ist der Abt Diethelm von Krenkingen, der die Umbauten 1173 veranlaßt und auch beaufsichtigt hat. Abt Berno hätte es wohl nie verstanden, daß sich ausgerechnet in seinem geliebten Westbau von nun an vorwiegend die Laiengemeinde versammelt. Diethelm gehört schon wieder zu den Gestalten, die über die Insel hinausragen: er ist gleichzeitig Bischof von Konstanz.

Die ehemalige Reichsabtei verfällt nun zusehends der Armut. Es ist ähnlich wie auf der Comburg bei Schwäbisch Hall: der gehobene Adel beherrscht den Konvent, seine Guthaben sind längst aufgezehrt, körperliche Arbeit wird so gut wie nie geleistet. Während im Kochertal das Benediktinerkloster total verkommt und durch die Augustinerchorherren abgelöst werden muß, gelingt es dem Abt Friedrich von Wartenberg (1427–53) endlich und gerade noch rechtzeitig, dem niederen Adel Zugang in den Konvent zu verschaffen. Er ist es auch, der mit dem spätgotischen Chor beginnt und den Bau vorantreibt. Es ist und bleibt erstaunlich, wie gerade die alten Orden mit dem Spätgotischen zurechtkommen, obwohl ihnen eigentlich der Stil widersprüchlich erscheinen muß. Es sind aber wahrscheinlich die Biegsamkeit des Geistes, die Freude am Filigranen, die Vielfalt der Linien, die sich in den Klosterkirchen allerdings nie verlaufen, vielmehr zu einem schwebenden Ganzen zusammenfinden. Das geheimnisvoll geordnete Krause mag ihnen besonders zugesagt haben, sie geben nie etwas ganz aus der Hand, sie schätzen das Lichte, das ihnen die spätgotische Bauweise einbringt. Ihr Blick kann nach oben verweilen, er erfreut sich an dem Geflochtenen, ohne daß ein Gebet gestört wird. Der Chor im Münster St. Maria in Mittelzell bringt Wärme und eine lichte Helligkeit in den Raum, der Besucher ist, wie der Mönch von einst es war, versucht zu glauben, daß es ein geheimnisvolles »Dahinter«, eine Ausstrahlung nach »oben« gibt.

Abt von Wartenberg hat eine über 600 Jahre anhaltende Herrschaft des gehobenen Adels beendet! Es geschieht reichlich spät, verhilft aber der Abtei zu einer Verschnaufpause, eine neue Schicht rückt nach, die Distanz vom Konvent zu den anderen Insassen des Klosters erfährt eine beachtliche Lockerung.

Friedrich von Wartenberg erlebt die Fertigstellung des Chores nicht mehr. Die Weihe erfolgt erst 1477, der Bau ist nicht einmal ausgemalt gewesen, aber man benötigt seine Funktion im Rahmen des Gottesdienstes. Erst um 1550 ist er mit Farben versehen worden, zugegebenerweise sehr erlesen, was bei der Feinheit des Netzgewölbes nicht wundert. Ein trauriges Ende ist dieser Ausmalung vorausgegangen: Der letzte Reichsabt des Klosters, Markus von Knöringen, verzichtet 1540 endgültig auf sein Recht als Abt und auf das Kloster, freilich nicht, ohne eine Entschädigung von dem Konstanzer Bischof Johann von Weeze zu verlangen ... Sie wird ihm nicht vorenthalten, lange genug ist die Abtei dem Bistum ein Dorn im Auge gewesen. Von Weeze fackelt nicht lange und sichert sich von Kaiser Karl V. das Reichslehen der Abtei. Ihm ist das Kloster Reichenau nur noch ein Priorat wert. Die berühmte Reichsabtei hat aufgehört zu existieren, ein kleiner Ableger tritt an ihre Stelle, ohne je wieder zu einer Abtei aufzurücken.

Schatzkammer und Sakristei sind ebenfalls spätgotischer Herkunft, was an den Gewölben eindeutig abzulesen ist. Ursprünglich hat es sich bei beiden um Kapellen gehandelt. Ungeheure Schätze sind dem Kloster Reichenau verlorengegangen. Wertvolle Schriften sind nach München, Karlsruhe, Darmstadt, Trier, Wolfenbüttel, selbst nach Wien, Paris und Madrid gelangt. Die »Konstanzer Entrümpelung« entbehrt nicht der Unwissenheit, sie ist schlechthin ein Skandal gewesen. Was nicht alles dabei verlorengegangen ist!

Dennoch hat sich die Schatzkammer wieder gefüllt, sie kann sich durchaus sehen lassen und ist für den aufmerksamen Besucher ein Erlebnis eigener Art. Da ist zunächst noch außerhalb der »Krug von Kana« zu nennen, eine spätantike Arbeit aus dem 5. Jahrhundert n. Chr., dessen unterer Teil im 15. Jahrhundert mit Goldblech gefestigt werden muß. Der Krug soll durch den berühmten Abt Hatto III. um 900 nach hier gekommen sein (jetzt in einer gotisch ausgemalten Nische der Chorsüdwand). Auch die gotische Madonna (um 1300) am Vorchorjoch verdient eine Erwähnung, gerade wegen der Gelöstheit ihrer Haltung (Abb. S. 28).

Bereits in der Schatzkammer befindet sich eine Elfenbeinpyxis mit einer noch erhaltenen spätantiken Figur (ein Jünger Christi), ebenfalls 5. Jahrhundert n. Chr. (Abb. S. 22), alles andere ist im 14. Jahrhundert überarbeitet worden, vermutlich in Konstanz. An dem romanischen Reliquienkästchen, aus Oberzell stammend (11.–12. Jahrhundert), soll der Besucher nicht achtlos vorbeigehen, ähnliches begegnet ihm so schnell nicht wieder. Ein wertvolles Kuriosum ist auch das romanische Kruzifix auf einem spätgotischen Kreuz (15. Jahrhundert). Der hagere, aus getriebenem Silber erstellte Christuskörper mit den riesigen Nägeln an Händen und Füßen beeindruckt tief (11. Jahrhundert), die mehr bewegte Umgebung ändert daran nichts.

Mittelpunkt ist immer noch der Markusschrein (Abb. S. 22), der – man höre und staune! – eine Breite von 120 cm und eine Tiefe von 31,5 cm aufweist. Er soll in einer Konstanzer Werkstatt im Auftrag des Klosters entstanden sein, bei der Gestaltung der Motive haben künstlerisch tätige Mönche des Klosters sicherlich ein Wort mitzureden gehabt. Der Schrein besteht aus getriebenen Silberplatten, die vergoldet sind (14. Jahrhundert). In den Reliefdarstellungen sind sich die französische und die süddeutsche Schule geradezu glückhaft begegnet wie selten zuvor. Hervorzuheben ist die Verkündigung, lebhaft und dennoch zart in ihrer Ausführung. Wie feingefiedert der Flügel des Engels ist! (Abb. S. 22) Es ist eigentlich immer dabei geblieben, selbst bei sehr frühen Vorlagen, daß sich der Engel von links nähert, während Maria sich anschickt, ängstlich zurückzuweichen. Ein kleiner Knick im Rücken und eine halbe Drehung des Körpers genügen, um dieses Verhalten anzudeuten. Simone Martini und Botticelli verfahren später nicht anders, wenn auch mit subtileren Mitteln. Auf einem Pult befindet sich ein Evangelister (Abb. S. 21) mit Reichenauer Buchmalerei (10. Jahrhundert). Der Besucher hat selten Gelegenheit, so viele Schreine, dicht beieinander wie in der Reichenauer Schatzkammer, zu betrachten. Da sind die Schreine der Heiligen Johannes und Paulus (ebenfalls Anfang des 14. Jahrhunderts) zu Ehren der römischen Märtyrer, die auch als »Wetterherren« bezeichnet worden sind. Der Schrein der hl. Fortunata mit reichlichem Figurenschmuck findet Bewunderung (Ende des 14. Jahrhunderts). Selbst die Gebeine des hl. Januarius, Märtyrer und Bischof von Neapel, von Hatto II. (864–71) 871 auf die Insel Reichenau gebracht, haben einen Schrein erhalten (wohl bereits 15. Jahrhundert). Schließlich bleiben noch die Schreine der Heiligen Felix und Regula zu nennen, eine einfallsreiche, überragende spätgotische Arbeit (um 1470). Von großartiger Ausführung, wie man sie sonst kaum zu sehen bekommt, ist die sog. Prasbergmonstranz, die auch das Wappen des Konstanzer Fürstbischofs gleichen Namens trägt und ganz in barocken Formen gehalten ist. Den Abtsstab des Eberhard von Brandis (1343–1379), der ihm einst vom Konvent gestiftet wurde, muß man gesehen haben! Selbst ein Meßtablett mit Kännchen und Kelch ist erhalten geblieben (18. Jahrhundert, von Fr. Chr. Mäderl, Augsburg).

Das barocke Zeitalter hat sich im Münster St. Maria auffällig zurückgehalten. Es ist zu bedenken, daß zu dieser Zeit nur noch ein Priorat bestanden hat, das sich in ständigem Streit mit den Konstanzer Fürstbischöfen befand. Eine barocke Umgestaltung hat die Sakristei erfahren (Abb. S. 25). Der Lettner ist einem wunderschönen schmiedeeisernen Gitter gewichen, eine erlesene

Barockarbeit (Abb. S. 30) wie auch der Heiligblutaltar (1739).

Der Besucher verläßt meist recht nachdenklich, aber auch bewegt, das Gotteshaus. Es ist nicht nur das vorwiegend Romanische, das ihn überrascht hat, sondern auch das monastische Leben, das mit ihm irgendwie zum Vorschein gekommen ist, die Welt des »Dahinter«, die auf einen gewissen Glanz nicht verzichten will, weil es sich schließlich um eine Reichsabtei gehandelt hat.

Berno ist der rechte Mann gewesen, der fast in einem Guß alles erneut zusammenfaßte, ohne das Vorausgegangene vergessen zu machen. Strenge kann neben Großzügigkeit stehen, wie sein Westbau zeigt, der 1437 durch Restaurierung nach einem Sturm nur kleine Veränderungen erfährt. Selbst die Neuzeit kann es nicht lassen, Geringfügiges zu ergänzen, wobei einige bunte Sandsteinquader verlorengegangen und die Dächer der Eingänge mehr abgeschrägt worden sind. Es ist dennoch der Westbau Bernos geblieben, unverwechselbar, stolz und mächtig. Man muß dazu freilich wissen, daß Berno nicht nur ein Dichter, der z. B. das Leben des hl. Ulrich beschreibt, sondern auch ein Komponist gewesen ist. Festliche Messen sind von ihm intoniert worden. Ein ungewöhnlicher Abt mit genialen Fähigkeiten!

Kloster Reichenau ist bereits in der karolingischen Zeit in der Buchmalerei tonangebend gewesen. Unzählige Hände sind ständig damit beschäftigt, dem Festlichen einen feierlichen Ausdruck zu verleihen. Hier hat sich die bedeutendste Malerschule befunden, die ihre Evangeliare in alle Welt verschickt. Daran ändert sich in der ottonischen Epoche nicht das geringste. Es kann sogar von einer Steigerung gesprochen werden, von einem langsamen Hinübergleiten mehr in das Bodenständige. Es muß dabei zwangsweise zu einer Entfernung von der Spätantike kommen, etwa so, wie das Kind, das sich von der Mutter nach und nach zu lösen beginnt. Das lineare Element setzt sich immer mehr durch, begleitet von abstrakten Tendenzen, die sich langsam in den Vordergrund schieben. Die Prachtentfaltung der Einbände bleibt erhalten, wenn es sich um gehobenere Auftraggeber handelt. So ist eine Plastizität der Darstellung am Einband des Evangeliars von Otto III. (Abb. S. 23) nicht zu leugnen (Bayerische Staatsbibliothek, München). Er ist, wie es sich für einen Kaiser gehört, auch mit Preziosen geradezu übersät.

Die Tiefe des Raumes wird Stück um Stück aufgegeben, auch in der Miniaturmalerei. Der Besucher der Schatzkammer des Münsters hat sich bereits in dem dort aufgestellten Evangelistar davon überzeugen können. Die Gestalten, aber auch die angedeuteten Hallen und Ortschaften befinden sich mehr und mehr nur noch im Vordergrund. Christus erscheint überlebensgroß mit einem goldenen Heiligenschein und Kreuzeszeichen.

Sind die Bilder mehr von links nach rechts gelesen als gesehen worden? Schließlich haben sie nach der »Libri Carolini« nur als eine unterstützende und schmückende Form zu gelten, die den Text zu begleiten hat. Sie sind der Schrift untergeordnet und haben ihr zu dienen. Aber es gibt eben auch eine Eigengesetzlichkeit des Gestalterischen, die sich nicht einzäunen oder anhalten läßt. Die Miniaturmalerei geht einen eigenen Weg, obwohl sie indessen Vorbilder genug hat, um sich danach zu richten. Der Zug zum Abstrakten ist unverkennbar. Die Abstraktion soll der seelischen Entrücktheit Ausdruck verleihen. Die spätantiken Vorbilder werden dabei sozusagen platt gedrückt. Eine Verfeinerung des Ausdrucks macht sich breit, eine Änderung der Schwerpunkte. Beim »Einzug in Jerusalem« (Egbert-Codex, um 890, aus Reichenau, Stadtbibliothek Trier) ist die Hand des Apostels Petrus übergroß und scheint ein zusätzliches Gelenk zum Ellenbogen hin zu besitzen. Die Haltung aller Gestalten ist nicht nachvollziehbar, doch die Frage nach dem Anatomischen kommt gar nicht auf, denn das ganze Bild wirkt ungemein eindringlich. In der ottonischen Zeit mag manches noch ein wenig ungelenk erscheinen, das Mystische hinkt hie und da etwas nach, die Miniaturmaler haben mitunter sichtlich mit Schwierigkeiten beim Detail zu kämpfen gehabt.

Mit dem Perikopenbuch (Bayerische Staatsbibliothek, München – Herzog-August-Bibliothek, Wolfenbüttel) sind die Anfangsschwierigkeiten überwunden und ein Höhepunkt ist erreicht, der fast den Gedanken an ein Wunder aufkommen läßt. Die Miniaturen sind strenger geworden, von einer Klarheit der Ausführung, ohne das Einfache zu verlassen. Das Byzantinische hat sich ein bißchen eingeschlichen, sehr zum Vorteil des Buches übrigens. Mit Recht spricht Hubert Schrade von dem »großäugigen Schauen«, das dem Momentanen einfach keine Gelegenheit zur Entfaltung gibt. Es ist ein Blicken mit weit aufgerissenen Augen, das wie stehengeblieben erscheint. Der Betrachter von damals hat wohl den Eindruck gehabt, er könne damit die Endlichkeit verlassen.

Man schaue sich nur »Christi Himmelfahrt« an (Abb. S. 24). Der Oberkörper von Christus hat den Himmel erreicht, der als rosafarbene Zone gekennzeichnet ist. Zwei Engel erwarten ihn. Der andere Teil seines Körpers befindet sich noch im lilafarbenen irdischen Raum und steht auf einer gelben Wolke, die stilisiert ist. Der Ort, wo er zuletzt auf Erden gestanden hat, ist frei geblieben, im Hintergrund sieht man einen Baum ohne Blätter und eine grüne Zone, die das Land markieren soll. Unten auf braunem Grund stehen zwei Engel, Maria und Petrus, sie sind wie Christus und die Engel im Himmel durch einen goldenen Heiligenschein ausgezeichnet, bei Christus kommt noch das Kreuzeszeichen dazu. Die Menschen unten blicken nach oben, »großäugig« und staunend. Die Engel unten haben zu erklären. Ihre Hände, übergroß, sprechend, den Blick einfangend, sind nach oben gerichtet! Die Farben sind relativ kühl gehalten, nur die Himmelsregion zeigt ein wärmeres Rosa.

Für den frühmittelalterlichen Menschen ist das Bildnis wohl eine halbe Wendung in das Ewige gewesen. Er hat sich nicht an den Füßen gestört, die eigentlich nicht so stehen können. Das Spirituelle ist viel stärker. Er weiß, was als Erde gemeint ist. Wieviel Hände zum Vorschein kommen! Die Jünger sehen nur noch die Hälfte des Herrn. Seine Hände vermitteln den Ausdruck, daß er sich mehr und mehr dem Himmel nähert.

Der Perikopenmeister ist wohl der bedeutendste Miniaturmaler des frühen Mittelalters gewesen. Er schafft neue Dimensionen und Abgrenzungen. Er bleibt streng übersichtlich. Er führt die Abstraktion und das Lineare zusammen, allein um des Ausdrucks wegen. Er verzichtet weitgehend auf die Architektur. Beim »Marientod« ist es nur das Bett, das einer Darstellung für wert gehalten wird. Hier thront Christus bereits auf dem Regenbogen, unter ihm halten zwei Engel ein Medaillon mit dem Marienbild über einem Leintuch. Die Mutter kehrt zu ihrem Sohn zurück. Unten sind nur ernste Gesichter zu sehen. Oben der überlebensgroße Christus in einer bestirnten Mandorla thronend, den Blick geradeaus, mit einer übergroßen rechten Hand.

Der Perikopenmeister sucht (Anfang des 11. Jahrhunderts) einen neuen Weg zum Transzendenten, was ihm im frühmittelalterlichen Sinne eigentlich auch gelungen ist! Er ist dem Visionären mit seiner Malfeder nachgegangen und hat es auf seine Weise eingefangen. Ein Mehr an Ausdruckskraft in der Malerei gibt es kaum auf der Reichenau, die Abtei hat durch ihn wieder einmal europäisches Format erreicht.

Die meisten der Anreisenden, die über die Pappelallee zur Insel Reichenau gelangt sind, haben sich zunächst nicht um die St.-Georgs-Kirche gekümmert und sich das Gotteshaus für später aufgehoben. Einzelne mögen dennoch einen kurzen Blick hineingeworfen haben, um sich zu überzeugen, daß alles beim alten geblieben ist, denn sie fürchten eine Restauration gerade bei dieser Kirche. Mittelzell ist ihr erstes Ziel, denn um das Münster herum hat sich das Geschehen abgespielt, das die Abtei in den Rang eines der bedeutendsten Klöster Europas gebracht hat.

Die Besucher kehren später in Scharen nach Oberzell zurück, oft mögen sie indessen eines der bekannten Fischgerichte in einem Gasthaus der Insel zu sich genommen haben. St. Georg ist ein altes Gotteshaus, schlicht in seinen Formen, soviel von Südwesten bereits zu erkennen ist.

Dem Vierungsturm ist dagegen anzumerken, daß er Veränderungen erfahren haben muß, er ist ein wenig außerhalb der übrigen Proportionen der Kirche geraten. Aber er stört keineswegs den Gesamteindruck, die Stiftskirche erinnert etwas an eine Einsiedelei, nur in einem vergrößerten Umfang. Noch eines ist von außen zu bemerken, sei es von der einen oder der anderen Seite: Es scheint früher ein Querschiff vorhanden gewesen zu sein, denn die Fenster der Seitenschiffe sind anders ausgeführt als im übrigen Teil, der Stützpfeiler ist wesentlich höher als im nachfolgenden Seitenschiff.

Von Westen her macht die Kirche einen ganz anderen, einen ausgesprochen malerischen Eindruck (Abb. S. 12). Die einzelnen Bauteile scheinen ineinandergeschoben, von wechselnder Tiefe und Breite zu sein, als habe ein Unwetter an den Gebäuden gerüttelt. Man ist dann gar nicht mehr verwundert, wenn man erfährt, daß in den Anfangszeiten der Kirche ein Erdbeben St. Georg erschüttert hat. Allzuweit ist übrigens das Gotteshaus vom See nicht entfernt, wo es noch Schilf und Fischerboote gibt.

Die Vorhalle aus der staufischen Zeit ist ziemlich dunkel, da nur spärliches Licht durch die kleinen, aber typischen Säulenfenster eindringen kann. Es folgt gleich die Westapsis, die ausgemalt worden ist. Der Besucher ist zunächst ein wenig verwirrt, weil er mit dem dargestellten »Jüngsten Gericht« nicht so recht etwas anfangen kann, selbst Georg Dehio hat damit seine Schwierigkeiten gehabt. Man ist versucht, ganz oben den thronenden Christus – in alter Weise übrigens – auszumachen, aber es ist 1708 von einem Maler Mohr fast alles übermalt worden, keineswegs besonders ansprechend, und auch diese Farben sind indessen weitgehend verblaßt. Die frühmittelalterlichen Kalkfarben geben einen schlechten Untergrund für die neuere Malerei ab.

St. Georg ist eine dreischiffige Säulenbasilika. Erstaunlicherweise verfügen die Seitenschiffe östlich über eigene Apsidiolen, die wahrscheinlich nicht gleich zu Anfang bestanden haben und einmal mehr daran denken lassen, daß sich hier ein richtiges Querschiff befunden hat. Der Ostchor und die Apsis sind erhöht und über Stufen zu erreichen. Der Chor ist viereckig gehalten und gotisch umgestaltet worden.

Die Baugeschichte von St. Georg ist nicht ganz durchsichtig, es ist müßig, sich in den Streit einzumischen. Von Öhem wissen wir, daß sich in Oberzell eine »Cella« befunden hat, die von einem Kleriker namens Bundwil von 838–842 bezogen worden ist, um Handschriften anzufertigen. Der Name Haito wird eigens erwähnt, wahrscheinlich hat es sich um Haito I. gehandelt, der lange genug am Hof von Karl dem Großen verweilen muß und hier eine »Cella« errichtet, um sich einmal an einen stillen Ort zurückziehen zu können. Es muß sich um ein kleines Gebäude gehandelt haben. Nach der Weltchronik von Hermann dem Lahmen (gest. 1054) hat dann Abt Hatto III. aus der Zelle eine Kirche gemacht, zumal er die Reliquie von St. Georg vom Papst erhalten hat. Die Krypta darf neben anderen als erster Aufbewahrungsort des Heiligtums angesehen werden. Es ist nicht von der Hand zu weisen, daß seine Nachfolger, Eggebrecht und Ruodman, den Bau nach oben abschlossen, selbst Wittigowo kann noch einiges geändert haben, schließlich sind zu seiner Zeit wahrscheinlich die berühmten Fresken der St.-Georgs-Kirche entstanden.

Um es gleich vorwegzunehmen: Wir wollen uns vorwiegend um die Historienbilder kümmern, die weitgehend unangestastet geblieben sind, während alles andere, mit Ausnahme der Abtsbilder über dem Kapitell der Säulen, zum Teil in der gotischen Zeit, aber gewiß um 1900 fast völlig unzulänglich restauriert worden ist.

Die Freskanten sind keine Miniaturmaler gewesen, wenn sie sich auch sehr an deren Vorlagen halten müssen. Sie erweisen sich als wesentlich unbekümmerter als ihre Kollegen der Feder mit den feinen Pinseln. Sie sind an eine Aufgabe gebunden, die Unterschriften (Tituli) sind der einzige Text, der sie zu einer bestimmten Führung des Bildes anhält. Sie haben es mit großen Flächen zu tun, die von ihnen mehr Übersicht abverlangen. Sie sind daher in Reichenau eine Gilde für sich gewesen, deren Ruf sich rasch verbreitet hat. Sie müssen oft genug von der Abtei »ausgeliehen« werden, z. B. nach St. Gallen und Petershausen.

Die spätantike Farbentechnik hat sich nicht geändert und wird beibehalten (Kurt Martin). Es ist die alte kombinierte Technik, »Kalksecco« genannt, bei der nach einem Feinputz aus Kalk erst die Farben aufgetragen worden sind. Es handelt sich somit um kalkgebundene Farben.

Noch eines ist zu beachten: In den frühmittelalterlichen Zeiten, vielleicht auch noch später, sind an den Rändern Goldplättchen und farbige Glasteile angebracht worden, die im Schein der Kerzen einen Hauch des Mystischen auf die Bilder geworfen haben mögen.

Das alles ist verschwunden, die Bilder haben auch sonst an Farbigkeit verloren, es fehlt das Erwärmende, das diese Malweise eigentlich ausgezeichnet hat. Sie sind dennoch erstaunliche Wahrzeichen ihrer Zeit geblieben, die uns manchmal über die innere Einstellung der Menschen der damaligen Zeit Aufschluß geben.

Sie haben wirklich einen weiten Weg von der karolingischen Epoche zurückgelegt: Es kann schon jetzt gesagt werden, daß eine Vereinfachung durchaus zu einer Vertiefung des Ausdrucks führen kann, die Fresken von St. Georg sind ein Beispiel dafür. Die Miniaturmaler werden ihnen darin zweifellos vorausgegangen sein, aber nicht mit einer derartigen selbstverständlichen Konsequenz. Das Bild des Menschen hat sich in Oberzell geändert, man denkt mehr in abstrakten Kategorien, es ist ganz natürlich, sich mehr dem Linearen zuzuwenden! Die Maler setzen das gleiche bei dem Betrachter voraus. Eine Vergeistigung im Nordischen hat sich mühelos durchgesetzt, die Form als solche verliert an Gewicht, lebt von linearen Erinnerungen und Farben, die nur andeutungsweise etwas an Tiefe anzeigen. Das christliche Weltbild scheint indessen festgefügter geworden zu sein, so daß es von selbst mehr in seinem Ausdruck Gestalt angenommen hat. Etwa zweihundert Jahre wird in dieser Weise fortgefahren werden, bis zum letzten Höhepunkt der Staufer, der einen »Naumburger Meister« hervorbringen wird. Nicht nur ihn allein . . .

Die Historienbilder sind der eigentliche Schatz der St.-Georgs-Kirche. Man findet ausgewählte Themen, der Grundtenor ist recht einheitlich, da nur die Wunder des Gottessohnes wiedergegeben wurden. Die Miniaturen vermitteln im wesentlichen die Vorlagen, wenn sich die Maler auch nicht an jedes Detail gehalten haben. Die Breite der Bilder ist übrigens verschieden, nicht etwa aus Rücksicht auf die Architektur. Im Gegenteil! Es steckt wohl mehr die Eigenwilligkeit der Freskanten dahinter, oder sie haben sich nicht die Mühe gemacht, genau zu messen. Sie verfahren mit den Mäandern ebenfalls recht willkürlich, der untere bringt es fast zu einer Breite von einem Meter und ist in dreifacher Linienführung gegliedert, während die oberen Mäander wesentlich schmaler gehalten worden sind. Nur die seitliche Begrenzung der Bilder ist einheitlich, hier reicht eine Reihe von zehn Kreuzen in die Höhe, am anderen Rand sind es sieben Tauben, als Zeichen des Heiligen Geistes, wozu auch die Frömmigkeit und die Furcht vor Jehova gerechnet worden sind.

Die Freskanten haben über mehr Freiheit verfügt als die Miniaturmaler, die nicht nur auf den Text achten müssen, sondern sich auch häufigeren Kontrollen ausgesetzt sehen. Man sitzt dicht beieinander, es kommt auf jeden kleinen Feder- oder Pinselstrich an. Die Maler in St. Georg können sich einige menschliche Auslassungen erlauben, wie wir noch sehen werden. Das Wesentliche spielt sich im Vordergrund ab, ein schmaler brauner Streifen, der gelegentlich in ein Grün übergeht, hat die Erde zu markieren. Das ist aber auch alles, was in etwa an eine Tiefenwirkung erinnert. Das Überirdische wird mit einem schmalen gelblichen Streifen angedeutet. Schatten werden meist vermißt. Auch die Architektur ist linear gehalten und spärlich, die Handlungen sind alle nach draußen verlegt worden, die Szene mit Lazarus nicht ausgenommen. Christus ist bartlos. Wahrscheinlich wollen diese Vereinfachungen die Ärmlichkeit des Menschlichen besonders kennzeichnen.

Es können leider aus Mangel an Platz nur einige Historienbilder besprochen werden.

Bei der Heilung des Besessenen von Gerasa trägt dieser nur einen einfachen Schurz und ist gefesselt. Christus befindet sich links mit seinen Jüngern unter einem laubenartigen Gebilde, sein rechter Arm ist angehoben, die Hand ist frei. Das Wunder geschieht. Der Besessene windet sich noch in Qualen, die gefesselten Arme streckt er hilflos zur Seite. Die bösen Geister entweichen in benachbarte Schweine, die sich Hals über Kopf in das Wasser des Sees stürzen und ertrinken. Mit der Stadt Gerasa macht der Maler kurzen Prozeß. Zwei Häuser, ein Turm und eine Mauer ringsum haben zu genügen, letztere vermittelt vielleicht noch einen kleinen Rest an Perspektive. Die Hirten rechts sind schon halbwegs dabei, fortzueilen, um der Stadt von dem Wunder zu berichten. Christus ist, wie immer, überlebensgroß, die Jünger bleiben etwas abgesetzt als stumme Zuschauer. Aus dem Mund des Besessenen entweicht ebenfalls ein böser Geist. Es gibt keine Fortsetzung der Handlung, der Dank des Unglücklichen wird vorausgesetzt. Das Wunder des Herrn ist sichtbar gemacht worden. Das soll und hat zu genügen (Abb. S. 46).

Bei der Heilung des Wassersüchtigen lassen sich die Maler etwas mehr, geradezu Realistisches einfallen, indem sie den durch Wasser aufgequollenen Bauch ungeschminkt vorführen (Abb. S. 48). Drei Männer müssen den Armen stützen. Sie sind feiner gekleidet und scheinen der Oberschicht anzugehören, die oft genug als Pharisäer verschrieen worden ist. Das berühmte Schiff der Miniaturen findet auch in Oberzell seinen Niederschlag. Christus ist gleich zweimal dargestellt, einmal vorne am Heck schlafend, einmal am Bug mit segnender Gebärde den See beruhigend, indem er das Blasen der Dämonen abwehrt. Es scheint die damaligen Betrachter nicht gestört zu haben, daß zwei Vorgänge in einer Darstellung zusammengefaßt worden sind. Sie hat nur das Wunder erregt. Christus, der Herr, darf zweimal in einem Bild erscheinen. Nun wissen sie es genau, wie es zugegangen ist. Kein anderer hat den Platz gewechselt. Der Vorgang ist auf den Gottessohn beschränkt. Hat er nicht gerade ein Wunder vollbracht? (siehe Vorsatz)

Höhepunkt der Historienbilder in Oberzell ist zweifellos die Erweckung des Lazarus. Wieder ist es der rechte Arm des Heilands, der wundertätig wirkt. Die Apostel verharren in andächtigem Abstand. Lazarus ist keineswegs gefesselt, sondern nur in Leichentücher eingewickelt. Am vorderen Bildrand liegt seine flehende Schwester Martha. Zwei Gestalten halten sich ostentativ die Nase zu, auch hier also eine realistische Note der Freskanten. Lazarus scheint bereits in Verwesung übergegangen zu sein, er steht anscheinend schon in seinem Sarkophag, von niemandem gehalten, als von der wundersamen Einwirkung des Gottessohnes. Das Wunder kündigt sich an. Der rechte Arm Christi weist gebieterisch nach drüben. Das hat zu genügen. Der Vorgang ist entschieden und bedarf keiner weiteren malerischen Fortsetzung. Es fehlt nicht an Dramatik, obwohl nur Christus und die niederkauernde Martha einen höheren Grad an Bewegung verraten. Ein Jammer, daß die Farben so abgeblaßt sind! Der Besucher darf daran erinnert werden, daß diese Bilder immerhin fast tausend Jahre alt geworden, vor knapp hundert Jahren entdeckt worden sind. Wir verdanken ihre Erhaltung eigentlich nur dem Verputz, der sie über lange Zeit zudeckte (Abb. S. 49).

Kloster Reichenau bringt im 11. Jahrhundert nochmals einen genialen, universal ausgerichteten Mönch hervor: Hermann der Lahme. Kaum einer denkt an ihn, wenn heute sein Lied »Salve Regina« in den Gotteshäusern erschallt. Scheffels Roman »Ekkehard« kommt den tatsächlichen Gegebenheiten des frühmittelalterlichen Mönchswesens, gerade in der alemannischen Region, keineswegs nahe. Vieles ist überhaupt in Vergessenheit geraten: der Ernst, die Hingabe, das mutige Aufstoßen des Tores zur Welt, natürlich auch der sieghafte Triumph. Wie bescheiden ist letztlich damals gelebt worden!

Der kranke Hermann, ein Spastiker mit Konvulsionen, ist von seinen adeligen Eltern dem Kloster Reichenau im Alter von sieben Jahren übergeben worden. Er ist dabei nicht nach seinen Wünschen gefragt worden, Oblaten haben sich praktisch in alles zu fügen. Aber der Knabe entwickelt sich erstaunlich, er ist nicht nur wißbegierig, sondern auch manuell geschickt, trotz seiner Lähmungen. Bald ist er in der Astronomie zu Hause, er vermag nachzuweisen, daß der Mond das Licht von der Sonne erhält. Er wird langsam zum Dichter und Schriftsteller, der im Laufe seines Lebens zwei Weltchroniken schreibt. Er kann nicht nur Uhren und Musikinstrumente herstellen und reparieren, er entwickelt sich auch zu einem Komponisten von Rang, der eigene »Officien« niederschreibt, die von Bestand sind. Nur in seiner Musiklehre wird er von Guido von Arrezzo überholt, der damit in die Musikgeschichte eingehen kann, obwohl er praktisch zu gleichen Ergebnissen gekommen ist wie Hermann. Die Italiener sind eben damals immer noch federführend gewesen, wenn es um die eigene Publizität ging.

Der Gelähmte hat es nicht leicht unter Abt Ymmo (Immo), der die Reformen von Gorze auf der Insel rücksichtslos durchführen will. Das schwärmerisch Melodische, eine bisher unbekannte Süße des Gesanges müssen dem neuen Abt zuwider gewesen sein. Ymmo wird schließlich durch den Konvent abgesetzt. Mit seinem Nachfolger Berno versteht sich Hermann wesentlich besser, sind sie doch beide im Künstlerischen tätig und sich in manchem ähnlich. Der Abt macht ihn trotz seiner Gebrechen zum Priester. Hermann kann als Spiegel der Entwicklung des Zeitgeistes angesehen werden. In seiner ersten Weltchronik richtet er sich nach den weltlichen Herrschern, läßt sich ungeniert von anderen helfen, es wird daraus die sog. »Kaiserchronik«. Sie macht ihn weit über die Grenzen bekannt, man nennt ihn bald »das Wunder des Jahrhunderts«.

Nach dem Tod von Berno tritt bei Hermann ein Wandel ein, es mag an seinem Alter liegen, zum anderen spürt er intuitiv, daß sich ein Umbruch der Anschauungen anbahnt. Er macht sich ganz allein an seine zweite Weltchronik.

Die geistlichen Kräfte haben indessen an Gewicht gewonnen. Eine Verinnerlichung, wo auch immer, ist nicht zu leugnen. Die Eingriffe von Kaiser Heinrich III. in das Klosterleben bleiben unvergessen. Roms Wort gilt jetzt mehr in den Abteien. Der Adel kommt gut weg, sitzt er doch z. T. selbst in den Klausuren, während draußen die Verwandten, oft genug vom Kloster unterstützt, das Sagen haben. Hermanns Eltern gehören ebenfalls dazu.

In seiner zweiten Weltchronik werden 153 Päpste aufgeführt (Arno Borst), es fehlt kein einziger Konstanzer Bischof. Adelige Namen tauchen genügend auf. Ein Glück, daß die Chronik nicht als Herausforderung empfunden wird, sie ist auch nicht so publik geworden wie die »Kaiserchronik«. Dieser gequälte Mönch hat vor vielen anderen den Umbruch empfunden, der sich – wie ein Gewitter sich anzubahnen beginnt – vielleicht in manchem Kopf heimlich rührte, ohne zu Konsequenzen zu führen. Kaiser Heinrich IV. wird später die harte Konfrontation zu spüren bekommen.

Hermann ist ein musischer Mensch gewesen, obwohl er die Askese nie aufgibt. Während seiner Klosterzeit hat er kein einziges Mal Fleisch gegessen! Letztlich mag er doch ein versteckter Humanist gewesen sein, er korrespondiert mit vielen bedeutenden Klerikern Europas und hält unbeirrt daran fest, daß eine vollkommene geistige Übereinstimmung auf Erden nicht möglich ist. Er muß vorsichtig sein, denn der Konvent pflegt Grenzen zu setzen. Hermann wagt es daher einfach nicht, den Abt Wittigowo in seiner Chronik zu nennen, obwohl dieser hineingehört. Es mutet seltsam an, daß er auf seinem Sterbelager am 24. 9. 1054 in Visionen von dem Werk Ciceros gesprochen haben soll. Die antiken Schriften sind freilich in ihrer Klarheit kaum zu übertreffen. Auf eigenen Wunsch wird er außerhalb des Klosters neben seiner Mutter bestattet. Ohne in eine Spekulation zu geraten, mag dies anzeigen, daß ihn das Heimweh wohl nicht ganz verlassen hat.

Noch steht dem Gast ein Kirchenbesuch bevor! Von außen hat er bei St. Peter und Paul keine Schwierigkeiten, das Gotteshaus in die romanische Zeit einzustufen, nur die Türme sind im gotischen Sinne erhöht, was ihm nachher auch bestätigt wird.

Zunächst gönnt er dem beaufsichtigenden Pfarrer, der meist ein Pensionär ist, sein Mittagsschläfchen und schaut sich erst einmal um. Es ist wohl der landschaftlich reizvollste Teil der Insel. Wie hübsch und lieblich sich die Landzunge, die zur Kirche hinzieht, in den See streckt! Ein altes Klostergebäude steht dicht am Wasser (Abb. S. 85), hier ist früher Musikunterricht erteilt worden. Das Gelände fällt hier flach dem See entgegen ab. Gruppen von Pappeln beleben den Blick, etliche Fischerboote liegen vor Anker oder sind an Land gesetzt worden. Es kommt vor, daß sich zahllose Möven auf den Kanten eines Bootes gemütlich von den Wellen schaukeln lassen (Abb. S. 52). Es läßt sich angenehm längs des Sees spazierengehen, Bänke laden zum Verweilen ein. Meist ist da und dort ein Zeichner oder ein Maler anzutreffen. Das Binnenland ist ein einziger Gemüsegarten, keineswegs in kleine Teile parzelliert. Die Inselbewohner sind ein stolzes, aber freundliches Völkchen!

Später erfährt der Besucher, daß St. Peter und Paul sogar vor dem Münster geweiht worden ist, nämlich 799 von Regino, Bischof von Verona, der früher selbst dem Kloster Reichenau angehört hat. Er ist übrigens später seliggesprochen worden. Er hat zu den Freunden von Karl dem Großen gehört, wahrscheinlich ist er mit der alemannischen Kaiserin Hildegardis verwandt gewesen. Sein Einfluß muß als bedeutend angesehen werden.

Alt geworden, erlangt er bei Abt Waldo die Erlaubnis, sich am äußersten Ende der Insel, dem heutigen Niederzell, anzusiedeln und eine Zelle zu errichten. Viel Zeit ist ihm dazu nicht geblieben, denn er stirbt bereits 802. Das Anwesen geht, wie üblich, in den Besitz der Abtei Reichenau über.

Die Kirche, wie sie der Besucher von außen zu sehen bekommt, ist im 11. und 12. Jahrhundert gebaut worden. Auf ein Querschiff hat man verzichtet, dafür erhält die dreischiffige Basilika gleich drei Apsiden. Von den gotischen Türmen ist schon die Rede gewesen. Aus der Gründerzeit stammt lediglich die Abdeckplatte eines Altars, die zahlreiche Inschriften aufweist, einige davon sollen wirklich in die Gründerjahre Reginos zurückreichen.

Die Fresken an der Hauptapsis sind erst um 1900 entdeckt worden! Die nachfolgende Restauration bringt wenig ein, etliches sieht danach noch mitgenommener aus als zuvor.

Immerhin werden in St. Peter und Paul die Grundelemente der frühchristlichen Wandmalerei sichtbar, wie sie immer wieder vorkommen, wenn auch Abwandlungen möglich sind. Christus thront, wie häufig, auf einem Regenbogen. Noch in der Nähe der Mandorla befinden sich Adler, Löwe, Stier und Engel, die jeweils einen Flügel tragen. Inmitten von ihnen erheben sich Petrus und Paulus. Die sechsflügeligen Engel fehlen nicht! Es folgen zwei Arkadenreihen, die obere mit den Aposteln, die untere mit den Propheten. In malerischer Hinsicht ist die Apostelreihe am besten erhalten geblieben (1104–1134). Von Bedeutung ist noch das sehr abwechslungsreiche Kapitell der Kirche (1104–1126) (Abb. S. 80), während der spätere spätbarocke Umbau des Inneren fast als störend empfunden wird (1760).

Der Rundgang um die Reichenau ist damit für die meisten so gut wie abgeschlossen. Es gilt nur noch zu berichten, daß das Priorat leider ein unrühmliches Ende genommen hat. Ein Breve aus Rom erlaubt es dem Fürstbischof von Konstanz, 1757 die widerspenstigen restlichen Mönche zu vertreiben, wobei dieser nicht davor zurückscheut, die Gottesmänner durch einen ausgesprochen militärischen Handstreich aus den Zellen zu holen. Die nachfolgende »Missionskolonie« wird 1803 säkularisiert. Der Raubbau an den Klostergebäuden kann beginnen, selbst zwei Kirchen fallen ihm zum Opfer.

Die Insel Reichenau bringt dem Besucher eine Rückerinnerung an das frühe Mittelalter, wobei die abgelegene Lage dazu verholfen haben mag, Wichtiges in Reinheit zu erhalten. Die Bedeutung der Spätantike kann jetzt nicht mehr unterschätzt werden. Karl der Große nimmt das Gewesene als Fundament für die Zukunft, er erzieht unermüdlich seine Völkerstämme mit dem Reichtum des antiken Wissens. Es gelingt ihm tatsächlich in erstaunlichem Umfang!

Das damalige Vorbild erfährt Veränderungen ganz eigener Art: Die nordische Vorliebe für das Abstrakte, Lineare und Ornamentale, mitunter auch für das Pflanzliche, dringt in die bisher klaren Umrisse ein und läßt die Gesetze der Perspektive weitgehend beiseite. Achtzig Jahre haben anscheinend genügt, um das Figürliche fest einzuprägen, jetzt kann nur mit Andeutungen des Menschlichen, meist im Rahmen der Vorgänge im Alten und Neuen Testament, verfahren werden. Bereits die ottonischen Miniaturen und Fresken geben davon Beispiel genug. Man glaubt, damit eine Vertiefung des Dargestellten zu erreichen, in der Vorstellung der damaligen Betrachter gelingt sie wahrscheinlich sogar. Die südliche Gelassenheit, auch im Gestalterischen, spricht kaum mehr an. Die Verinnerlichung ist nicht zu leugnen, gerade im mönchischen Bereich. Die »Karolingische Renaissance« ist vorüber, die geistige und geistliche Welt befindet sich im Umbruch. Das ehemalige Kloster Reichenau gibt davon ein rühmliches Zeugnis.

Natürlich ist der besondere Charakter der Insel dem Besucher nicht entgangen, auch nicht die von Sonne und Wind gegerbten Gesichter ihrer Bewohner (Abb. S. 76). Ringsum glitzert der See, manchmal kommt überraschend Dunst auf, der die Umrisse der Fischerboote fast etwas zittrig erscheinen läßt, ohne daß von einem echten Nebel gesprochen werden kann (Abb. S. 55). Das Auftreten dieser feinen Dunsterscheinungen ist eigentlich für den ganzen Bodensee typisch, man lebt mit ihnen, sie stören niemanden. An den Wochenenden ist häufig eine Unzahl von Segelbooten unterwegs. Der Einheimische kann dann schmunzelnd zum Fremden sagen: »Man kann geradezu von einem Segelboot zum andern mit einem kräftigen Sprung in die Schweiz gelangen!«

Betonklötze fehlen glücklicherweise auf der Reichenau. Dagegen reflektieren etliche Gewächshäuser die Sonne ringsumher, sie sind bei dem erstaunlichen Gemüseanbau auf der Insel von Wichtigkeit und mit Absicht niedrig gehalten worden. Sogar eine kleine Werft gibt es auf der Insel! (Abb. S. 88) Zur Zeit der Ernte findet man alles nur erdenkliche Gemüse in Wagen und Kisten (Abb. S. 78). Verschiedene Fischsorten werden in reichlichen Mengen täglich angelandet (Abb. S. 86).

Natürlich weiß der Besucher, daß vieles unsichtbar geblieben ist – wahrscheinlich für immer –, gerade was die Miniaturen angeht. Das fluktuierende Leben auf der Insel und dem umgebenden See ist von vielen Besuchern als ein angenehmes stimulierendes Regulativ empfunden worden. Der Gast pflegt auf der Rückfahrt langsamer durch die Pappelallee zu fahren. Zu viel Ungewöhnliches liegt hinter ihm und beschäftigt ihn immer noch.

Er ist schließlich den Anfängen einer mitteleuropäischen Entwicklung begegnet.

Ansicht von Niederzell
mit Kirche Peter und Paul

74

Gemüseernte
auf der Reichenau

Kirche Peter und Paul mit

romanischen Kapitellen

Freskenmalerei  an der Apsis von Peter und Paul

82

Ansicht vom See:

Kirche Peter und Paul
mit ehemaliger Musikschule

Fischreichtum:
Ein Fang aus dem Untersee
Hecht,
Rotauge und
Kretzer

J. BECK u. SÖHNE - YACHT u. BOOTSWERFT
RUDER-SEGEL-u. MOTORBOOT-

70534
70534